인사人思 이동

인사人思이동

발행일	2025년 10월 2일
지은이	김경서, 김수인, 김인경, 김한조, 신재원, 유혜인, 이복선, 이윤경, 정청한, 최고은, 최샐리, 최민욱
펴낸이	손형국
펴낸곳	(주)북랩
출판등록	2004. 12. 1(제2012-000051호)
주소	서울특별시 금천구 가산디지털 1로 168, 우림라이온스밸리 B동 B111호, B113~115호
홈페이지	www.book.co.kr
전화번호	(02)2026-5777　　　　　　　팩스　(02)3159-9637
ISBN	979-11-7224-887-1 03810 (종이책)　　979-11-7224-888-8 05810 (전자책)

잘못된 책은 구입한 곳에서 교환해드립니다.
이 책은 저작권법에 따라 보호받는 저작물이므로 무단 전재와 복제를 금합니다.
본 도서는 (주)북랩이 보유한 리코 인쇄 장비 등 자체 생산 인프라를 통해 제작되었습니다.

작가 연락처 문의 ▶ ask.book.co.kr
전용 게시판에 문의를 남기시면 저자에게 직접 전달됩니다.

(주)북랩 성공출판의 파트너

북랩 홈페이지와 SNS에서 다양한 출판 솔루션을 만나 보세요!

홈페이지 book.co.kr　•　**블로그** blog.naver.com/essaybook　•　**출판문의** text@book.co.kr
카톡채널 북랩

김경서 김수인 김인경 김한조 신재원 유혜인
이복선 이윤경 정청한 최고은 최샐리 최민욱
지 음

인사이동 人思

상처를 성장으로 바꾸는 관계 재배치의 지혜

북랩

들어가는 글

해석이 바뀌니 관계가 달라졌습니다

밤마다 초인종 소리가 들리고, 집 앞에 선물과 쪽지가 놓여 있다면 어떤 생각이 들까? 누군가의 선의일지라도, 나에게는 두려움이 된다면? 직장에서 상사의 말투에 가슴이 답답해졌는데, 가족에게 화를 터뜨린 적은? 친한 친구라 생각했는데, 다른 사람을 통해 근황을 들은 경험은? 평생의 은인이라 믿었던 사람이 등 돌릴 때의 허탈감, 아무 말 없이 멀어진 연인을 붙잡지 못한 공허함을 느낀 적은? 가족에게 존재감을 인정받지 못한다는 상실감에 고독을 맛본 적은? 우리는 크고 작은 상처를 관계 속에서 반복해서 겪는다. 관계가 주는 기쁨 만큼이나 삶을 가장 힘겹게 만드는 것도 결국 사람이다. 이 책은 바로 관계의 아픔 속에서 시작된다.

30대와 50대 사이는 일과 가족, 인간관계에서 동시에 무게가 더해 오는 인생의 시기다. 어느 관계는 아물고, 다른 관계는 멀어지기도 하고 또 어떤 인연은 여전히 마음속에 남았다. 상처받고, 실망하고, 미워하면서도 다시 이해하고 받아들이며, 조금씩 사람을 새롭게 해석하며 성장해 온 우리들의 이야기를 이 책에 담았다. 책은 열두 명의 작가가 함께 만들었다. 각자 다른 삶을 살아가는 중이다. '관계에 대한 해석이 바뀌면 삶의 방향도 달라진다.'라는 공통된 경험이 우리를 엮는다. 각자 자리에서 소중한 관계를 다시 돌아보고, 인사(人思)이동을 통해 내면의 감정 어징을 기록한 글이다.

왜 또 관계 책일까? 많은 사람들이 이미 책도 읽고, 공감과 경청도 연습하고, 갈등 기술도 익혔다. 그런데 왜 여전히 사람 때문에 고민하고 밤을 새울까? 답은 간단하다. 우리는 상대만 고치려 했지, 관계의 자리와 역할을 재배치하지 않았다. 이 책은 기술 몇 가지를 소개하는 대신, 자리를 이동시키듯 관계의 구조를 바꾸는 작가들의 경험과 구체적 방법을 제안한다. 열두 명의 삶, 열두 개의 현장 데이터. 현실 경험이 축적된 기록이다. 직장인, 엄마·아빠, 아들·딸, 배우자, 친구, 환자·보호자, 멘토·열두 명의 작가가 자신의 이름과 시간으로 경험한 글이다.

이 책은 단순히 이론이나 조언을 나열하는 것이 아니라 실제 삶의 자리에서 겪은 고통과 변화의 과정을 있는 그대로 남겼다. '어떻게 관계를 다뤄야 하는가?'를 말하기보다 '관계를 어떻게 다시 배치할 것인가?'를 보여 줄 예정이다. 정답을 제시하기보다 관계 속에서 흔들리고 고민하며 찾아낸 '살아 있는 해석'을 담았다는 점에서 다른 책과 다르다.

새벽 한 시 초인종과 십일 년의 선물 속에서 안전과 평정을 회복했다. 엄마와 딸 사이 의존과 책임의 끈을 돌봄의 책임과 감정을 분리하는 법을 익혔다. 20년 우정 앞에서 끊기지 않는 연결을 만들었다. 6개월 침묵하던 부자(父子)는 대화가 재개되었다. 항암의 겨울 속 고립이 연대로 바뀌었다. 나의 외로움 앞에 흔들리지 않는 자존을 세울 수 있었다. 게임으로 도망가던 남편이 독서·재정 설계를 시작했고, 가정의 미래 시나리오를 함께 그려 낸다. 결과는 분명하다. 그리고 소중한 관계도 남았다. 새로운 관계가 시작됐다. 누구보다 든든한 내 편을 만날 수 있었다.

관계의 상처는 시간이 해결하지 않는다. 시간은 패턴을 굳힐 뿐이다. 더 이상 참을 필요가 없다. 지금 이 순간이 반복을 멈출 가장 안전한 때다. 사랑은 감정이 아니라 배치의 선택이고, 책임은 사랑의 또 다른 얼굴이며, 거리를 줄이는 선택은 내가 먼저 할 수 있다는 사실을. 『인사(人思)이동』은 당신의 선택을 오늘로 데려다 줄 것이다. 작은 힌트 하나 얻는 데에서 그치지 않고, 당신의 관계가 실제로 달라지고, 무엇보다 당신 자신이 달라지는 경험을 할 수 있기를 바란다.

이 책은 관계 속에서 살아가는 동안 네 가지 인사이동을 따라 구성했다. 먼저 '내 마음 몰라준 사람'에서는 서운했지만, 지금은 다르게 바라보게 된 경험을 다룬다. '다르게 보게 된 사람'에서는 예전엔 불편했지만, 지금은 조금씩 이해하게 되는 과정을 담았다. '드디어 마음이 도착한 사람'은 늘 떠오르는 얼굴이 있는 이들의 이야기다. 마지막 '사랑을 선택한 사람'에서는 지켜 주려고 내가 먼저 변하기로 결심한 사람들의 기록이다. 각 단계는 독립적이면서도 연결되어 있다.

가족이나 직장에서 반복되는 갈등에 지쳐 관계를 유지할 자신이 없는 사람, 마음은 여전히 남아 있지만 표현 방법을 몰라 거리를 두고 있는 사람 혹은 이제는 단절했다고 생각했지만, 여전히 마음 한편에 답을 찾고 있는 사람들이 읽었으면 좋겠다. 상처를 다룰 용기와 동시에 관계를 새롭게 바라볼 눈을 원하는 이들에게 이 책은 새로운 길잡이가 될 것이다.

이 책이 세상에 나오기까지 보이지 않는 곳에서 길잡이가 되어 준 파이어북 라이팅 코치 이윤정 작가에게 깊이 감사한다. 한 문장, 한 단어에 담긴 마음을 끝까지 지켜 낼 수 있도록 인내와 지혜로 이끌어 주었다. 또한 각자의 삶에서 건져 올린 소중한 이야기를 성실히 써 내려가며 공저의 의미를 함께 빛내 준 작가들에게 진심 어린 존경과 감사를 전하고 싶다. 서로의 글이 모여 한 권의 책이 되었듯, 이 감사의 마음 또한 한데 모아 독자 여러분께 전해지기를 바란다.

2025년 여름
김수인

차례

들어가는 글   4

제1장 내 마음 몰라준 사람

불편한 이름, 아버지 김경서	14
어긋난 환영 김수인	20
어머니와 나 김인경	26
함께 살았지만, 함께 나눈 말은 없었다 김한조	31
엄마의 마음을 다시 읽다 신재원	37
작은 용기 유혜인	43
그가 떠난 후, 내가 보였다 이복선	47
깊이 있는 시절 인연 이윤경	52
시간이 부모를 이해하게 했다 정청한	57
다시 만날 수 있다면 최고은	63
마음의 깊이가 다른 관계 최샐리	68
그래도 되는 사람은 없다 최민욱	73

제2장 다르게 보게 된 사람

모지리 명장의 증명 김경서	80
인정 욕구와 적대감 김수인	85
6개월 차 선배 김인경	91
그때는 어른인 줄 알았다 김한조	96
불편함의 원인을 찾다 신재원	101
눈꺼풀이 한 겹 벗겨지듯 유혜인	106
가족이라서 더 아팠고, 그래서 견뎠다 이복선	111
삶은 나이를 먹어도 재미있을 수 있다 이윤경	115
10년 늦은 편지 정청한	121
진정한 어른이 되어서야 이해하다 최고은	127
나를 찾는 여정 최샐리	133
누구나 선한 의도를 가지고 있다 최민욱	138

제3장 드디어 마음이 도착한 사람

사랑 대신 도착한 이해 김경서	144
지키지 못한 아버지의 뒷모습 김수인	149
월당 선생님께 김인경	155
받은 온기를 건네며 김한조	160
가까울수록 한 번 더 돌아보기 신재원	166
그 사람을 사랑하면 그 자체를 이해하게 돼 유혜인	172
말없이 손을 잡아 주던 사람 이복선	176
안정감 회복, 사랑을 다시 읽다 이윤경	181
교사가 되어서 처음 배운 건, 교사가 되는 법이었다 정청한	187
그저 스치는 인연이라고 생각했는데 최고은	192
나를 지켜 주는 사람들 최샐리	197
내가 하면 피드백, 네가 하면 잔소리 최민욱	202

제4장 사랑을 선택한 사람

키다리아줌마의 사랑 김경서	208
서운한 감정은 품고 책임을 선택한 사람, 엄마 김수인	213
친구 아린 김인경	219
사랑은 거리를 줄이는 선택 김한조	223
지키고 싶은 마음이 생기는 순간 신재원	229
내 감정을 살피면 유혜인	234
끝까지 곁에 있어 주는 사랑 이복선	238
나로부터 시작되는 사랑 이윤경	243
우리 둘 다 변했으면 해 정청한	248
드디어 만났다! 누구보다 든든한 내 편 최고은	253
서툴더라도 시작해 보아요! 최샐리	259
관식이시네요? 최민욱	265
마치는 글	271

제 1 장
내 마음 몰라준 사람

불편한 이름, 아버지

김경서

강요된 그리움 앞에서

그리운 아버지. SNS 화면에서 이 단어를 볼 때마다, 손보다 생각이 먼저 멈춘다. 따뜻한 기억을 꺼내는 글은 넘쳐 나지만, 나는 그 단어에 늘 마음이 흔들린다. 다들 아버지가 그리운가. 아닌 나는 이상한가. 이런 나는 불효하고 있나.

부모를 존경해야 한다는 통념이 불편하다. 아버지를 떠올리면 마음이 복잡하다. 눈물샘을 자극하는 사연에는 '좋아요'가 몰리고, 내 속내는 늘 그 주변을 맴돈다. 누군가에게 털어놔도 돌아오는 말은 비슷하다. '그래도 너를 낳아 주셨잖아.' 말이 멈추고 가슴도 닫힌다. 세상은 부모에 대한 감정을 정해진 틀에 묶는다. 사랑해야 한다고, 그리워해야 한다고, 미워하면 안 된다고. 내 마음은 기댈 곳이 없다. 혹시 냉정한 사람, 못된 자식이라는 낙인이 찍힐까 두려워, 침묵이 몸에 배었다. '아버지'라는 이름 앞에서는 불편한 것도,

미운 것도, 그리운 것도 아닌 그 중간 어디쯤에서 혼자 서성인다.

아버지의 그림자

어린 시절 아버지의 기억은 집에서 키우던 누렁이와 겹쳐 있다. 마당 한쪽을 지키던 누렁이는 정찰병이었다. 누렁이가 짖으면 곧 아버지가 들어온다는 신호였다. 놀던 우리는 눈빛을 주고받을 틈도 없이 불을 끄고 이불 속으로 뛰어들었다. 심장은 쿵쾅거렸지만, 눈꺼풀은 꾹 눌러 닫았다. 자는 척이라도 해야 취중 잔소리의 화살을 피할 수 있었다.

아버지는 술을 자주 마셨다. 취기가 오르면 자식들을 불러 앉혀 놓고 끝없는 하소연을 늘어놓았다. 발이 저려도 일어나지 못했고, 벽시계만 힐끔거렸다. 그 순간만큼은 마징가 제트가 하늘에서 내려와 아버지를 멀리 데려가 버리길 기도했다. 아버지의 귀가가 늦어지면 찾으러 나서야 했다. 가로등 하나 없는 시골 밤길, 발밑에서 사각사각 소리가 날 때마다 누가 따라오는 듯해 등골이 서늘했다. 취한 아버지 얼굴은 낯설었고, 술에 지배된 몸은 감당하기 힘들었다. 역겨운 냄새도 진동했다. 그 순간마다 소원은 하나였다. 제발 빨리 아버지가 잠들어 버리기를. 술 취한 아버지를 마주하는 일, 어린 나에겐 감당하기 힘든 고통이었다.

어린 시절 밥상머리에서는 또 다른 긴장이 흘렀다. 이웃집 아이와 성적 비교, 엄마에 대한 훈계 등 달갑지 않은 이야기가 식탁을 무겁게 눌렀다. 성인이 된 뒤에도 상황은 달라지지 않았다. 다른 집 자식이 부모에게 준 고가의 선물 이야기를 노골적으로 꺼냈다. 객지 생활을 시작한 동생은 수화기를 들었다 놓기를 반복했다. 손끝은 숫자판 위를 맴돌았고, 결국 수화기는 제자리에 놓였다. 아버지는 가족을 힘들게 하는 존재였다. 누렁이의 짖는 소리, 술에 취한 냄새, 밥상머리의 비교가 겹쳐 나에게 깊은 자국을 남겼다. 아버지, 누군가에겐 따뜻한 단어일지 모른다. 나에겐 무겁고 불편한 이름이다.

끝에서야 시작된 질문

평온한 오후, 핸드폰이 울렸다. 아버지가 돌아가셨다는 소식이었다. 익숙한 사무실이 갑자기 낯설게 변했다. 책상 위 커피는 식어 있었고, 모니터 속 커서는 쉬지 않고 깜빡였다. 동료들은 각자의 일로 바빴다. 내 시간만 갑자기 정지되었다. 사람 목소리도, 기계음도, 아무것도 들리지 않았다. 모든 소리가 진공 속으로 빨려 들어간 듯했다. 그렇게 아버지가 떠났다. 예상도, 준비도 없었다. 묶여 있던 감정이 그제야 느슨해졌다. 이상하게 후련했다. 동시에 혼란스러웠다. 이게 슬픔인지, 미안함인지, 뭔지 모를 감정이 들이쳤다. 한 가지는 분명했다. 나는 끝내 아버지를 이해하지 못한 채 보내 드렸다는 것. 그 사실에 마음이 아렸다.

불만이 많고, 고집스럽고, 불편한 어른이었던 아버지. 느슨해진 경계 틈으로 질문이 비집고 나왔다. 아버지는 왜 술에 기대는 인생을 살았을까. 억센 고집 뒤에는 어떤 두려움이 숨어 있었을까. 나는 그 대답을 듣지 못했다. 대신 나에게 질문이 시작되었다. 내 안에서 살아 숨 쉬는 아버지의 흔적은 무엇일까. 아버지가 남긴 자취를 돌아보게 되었다. 나는 늘 아버지의 반대편에 서려 했다. 단점을 먼저 짚던 아버지 곁에서, 나는 장점을 먼저 보는 습관을 의도적으로 길렀다. 그 시선은 내 관계를 긍정으로 이끌고, 좋은 사람들로 채운다. 술은 나도 좋아한다. 다만 나는 좋은 말이 안주고, 아버지는 속상한 말이 안주였다. 사람의 특징을 잘 파악하는 눈썰미, 언변으로 상대를 끌어당기는 힘도 아버지에게서 물려받았다. 그가 남긴 흔적 위에 내가 쌓은 선택이 오늘의 나였다.

결국, 연결되어 있었다

딸아이가 내 만류에도 불구하고 이직을 결심했을 때 나는 속으로 중얼거렸다. '자기 인생, 스스로 잘 만들어 가겠지.' 그 순간, 낯익은 말이 떠올랐다.

"지 인생 지가 알아서 하겠지."

아버지가 자주 하던 말이었다. 어린 시절의 나는 그 말을 불만 섞인 체념, 방관으로만 이해했다. 이제야 다른 생각이 든다. 아버지의 말도, 결국은 나를 믿어 주려는 서툰 표현이 아니었을까. 내가 너무 어려서 그 의미를 끝내 알아채지 못한 것은 아닐까. 멀리하려 했던 아버지의 흔적은 내 안에 살아 있었다. 결국, 우리는 연결되어 있었다.

유품을 정리하다 아버지의 일기를 발견했다. 매일의 일상이 반듯한 글씨로 적혀 있었다. '경태한테 노니와 마늘 보냄. 제초제 사서 뒷밭에 침. 만악이 형님과 술 한잔함. 요즘 비가 부족해서 걱정.' 투박하지만 정직한 하루들이 담겨 있었다. 아버지를 전부 이해하지는 못한다. 하지만 닮지 않으려 애쓴 시간 속에서도 나는 그를 많이 닮아 있다. 지금 이렇게 글을 쓰는 순간조차, 어설프지만 성실하게 적어 내려가던 아버지 일기의 연장선이지 않을까. 내 일기를 꺼냈다.

2025년 8월 10일, 맑음.
아버지, 여전히 당신을 전부 이해하지 못합니다.
그럼에도 이제는, 조금씩 용서로 향하고 있습니다.
당신이 어떤 하루를 살았든, 그 하루가 나를 만든 것도 사실입니다.
미움과 후회가 범벅이지만, 그 위로 배움이 쌓이고 있습니다.
저는 지금, 용서를 배우는 중입니다. 아버지에게 다가가는 중입니다.

일기의 마지막 줄을 적으며, 나는 오래 미뤄 둔 용서의 길을 걷기 시작했다.

> **🪙 인사이동 TIP 🪙**
>
> 부모와 불편한 기억을 붙들면 멈추지만, 받아들이면 나아갑니다. 시간이 흐르면 그 기억이 나를 키운 밑거름이었음을 알게 됩니다.

어긋난 환영

김수인

빨리 어른이 되고 싶은 아이

　검정고시로 딸은 또래보다 2년 먼저 대학생이 되었다. 교실 안에서 늘 막내다. 나이가 드러나는 것이 불편한 모양이다. 그래서 조금 더 서둘러 어른이 되려 애쓴다. 말투도, 옷차림도, 행동 하나하나에도 어려 보이지 않게, 철없어 보이지 않게 보이려 노력한다. 어른 흉내가 아니라 정말 어른이 되고 싶은 눈빛이다. 그 모습이 안쓰럽기도 하고, 자랑스럽기도 하다. 학교생활 적응에 노력하는 딸을 보며 '아직 어린데 너무 빨리 대학을 보낸 건 아닌가, 조금 더 천천히 시작해야 했나?' 하는 마음이 들 때도 있다. 하지만 스스로 뭐든 해보려는 딸의 태도는 내 선택에 힘을 실어 주었고, 나를 안심시켰다. 어려운 과제도 포기하지 않고, 단체 활동도 열심히 참여하려고 애쓴다. 조용히 자기만의 방식으로 성장하고 있었다. 부모 걱정과 상관없이 아이는 이미 스스로의 리듬으로 단단해지고 있었다.

해외 어학연수 도전

해외 어학연수 프로그램에 지원하겠다고 한다. 나이가 어려 선배들에게 기회가 돌아갈 확률이 높았다. 공지 사항과 지원 자격을 확인하더니 지원해 보겠다 한다. 흔쾌히 해 보라 했다. 아이 스스로 기회를 찾아 움직이는 것이 대견했다. 운 좋게도 참가자 명단에 이름이 올랐다. 딸은 담담하게 결과를 밀했다. 나는 속으로 박수 쳤다. 내가 시킨 것이 아닌 스스로 해낸 일이라 의미가 컸다. 나는 조언자가 아니라 단지 관찰자 역할만 했을 뿐이다. 한 달 동안 혼자 해외에서 지낸다는 건 어학 실력 향상 목표를 넘어 진짜 어른이 되어 가는 한 걸음이 될 것이다. 아이에게도 나에게도 도전이다. 내가 간섭하지 않아도 무사히 지내고 올 거라는 확신도 있다. 딸은 내가 못 해 본 경험을 스스로 찾고 혼자 해내는 법을 배우고 있었다.

자립심 배우는 딸과 놓아주는 연습 하는 엄마

출국 후 며칠은 실감이 안 났다. '곧 전화 오겠지.'라며 연락을 기다렸다. 딸의 빈방이 낯설었다. 낄낄거리며 게임하고 휘파람 불며 뒹굴뒹굴하던 모습이 눈에 아른거렸다. 잘 다녀오라며 쿨하게 보내 놓고는, 비어 있는 방처럼 마음이 휑했다. 연락하고 싶은 마음은 하루에도 열두 번이었다. 그러나 지금은 자립을 배우는 시간이지 하며 내 마음을 다독였다. 자주 연락하면 간섭처럼 느껴질까 봐,

아기 취급한다고 느낄까 봐 참았다. 독립심을 지켜 주는 것도 엄마의 역할이라 생각했다. 부모의 사랑은 붙드는 것보다 놓아주는 순간에 더 깊어지기도 하는 법이니까. 그런 마음을 아이는 알았을까. 딸이 보내오는 메시지는 짧지만 활기찼다. 메시지 끝에는 늘 '잘 지내고 있어요'라고 안부가 따라왔다. 그 말이 고맙고 서운했다. 잘 지낸다는 감사함과 나 없이도 괜찮은 묘한 서운함이 동시에 생겼다. '나는 하루 종일 네 생각 한다', '방이 너무 조용해서 이상하다'는 말을 하고 싶었지만 최대한 아꼈다. 하지만 한 달 동안 매일 딸이 보고 싶었다. 내가 모르게 어른이 되어 가는 딸이 자랑스러우면서도 그만큼 멀어지는 것 같아 아쉬웠다. 딸이 자립심을 배우는 동안 나도 놓아주는 법을 연습하고 있었다.

딸과의 재회를 기대하는 엄마의 설렘

드디어 귀국 날이 다가왔다. 나는 설날을 기다리는 사람처럼 들떠 있었다. '어떤 모습으로 돌아올까, 얼굴이 더 야위었을까, 조금은 더 의젓해졌을까' 상상하며, 하루 전부터 분주히 딸을 맞이할 준비를 했다. 2박 3일 해외여행만 갔다 와도 김치찌개, 된장찌개가 그리운 법이다. 한 달간 제대로 된 한국 음식을 못 먹었을 딸의 첫 끼로 김치찜을 준비했다. 전날 밤부터 돼지비계가 적당히 섞인 찌개용 돼지고기와 묵은김치를 한 시간 동안 푹 끓였다. 특별한 추가 양념이 없어도 시금털털한 향에 고기 기름이 적당히 섞여 제법 깊은 맛이 난다. 엄마 사랑 열 스푼쯤 추가하니 둘이 먹다 하나 죽어도 모를 맛이다. 한 달간 주인 없이 뽀얀 먼지가 쌓인 딸 방 청소를 한다. 몇 안 되는 가구 위치도 바꿔 본다. 책상을 창가로 옮기고, 침대는 입구 쪽 벽면에 붙였다. 새로 세탁한 이불도 교체한다. 초록색 줄무늬 이불이 산뜻하다. 주인을 기다리는 이부자리가 폭신해 보인다. 전기장판도 저온으로 미리 설정하고 보일러도 한 달 만에 돌려 본다. 새벽 6시 15분 도착 예정. 혹시나 늦잠을 잘까 봐 알람을 5분 단위로 맞춰 둔다. 내가 늦게 마중을 나가면 더운 나라에서 지내다가 온 딸이 갑자기 추운 날씨에 적응하지 못하고 감기라도 걸릴까 봐 걱정이다. 잠자리가 영 불안하다. 핸드폰 진동음이 울린다. 벌떡 일어나니 비행기 1시간 연착. 좀 더 자도 되겠구나 싶어 이불을 다시 끌어당겼다. '혹시 비행기 사고는 없겠지?' 방정스러운 걱정이 잠깐 스쳤다. 활짝 웃으며 "우리 딸 고생했어!" 하고 양팔 벌려 안아 주는 장면을 생각하면서 자다 깨기를 반복한다.

어긋난 재회와 환영

공항은 혼잡했고, 그날따라 주차 공간이 더 없었다. 차를 돌리고 돌리는 사이, 딸은 이미 도착해서 짐을 찾고 나왔다. 길이 엇갈렸다. 무거운 짐을 들고 얇은 여름옷 차림으로 추운 겨울 공항에서 엄마를 찾던 딸은 짜증이 잔뜩 났다. 겨울 패딩을 손에 든 나는 급한 마음과 복잡한 상황에 이미 지쳐 있었다. 결국, 서로의 얼굴을 보자마자 반가움보다 짜증이 먼저 튀어나왔다.

"왜 이렇게 늦게 왔어?"

"너는 왜 밖으로 먼저 나가 있어? 같이 움직였어야지."

환하게 웃으며 안아 주려던 마음은 새벽 차가운 공기처럼 굳어 버렸다. 마음속으로 얼마나 상상했던 장면이었는데. '엄마!' 하며 안기고, '우리 딸 정말 고생했어.' 하며 토닥이고 함께 환하게 웃으며 이야기 나눌 줄 알았다. 하지만 그건 TV 드라마에서나 나오는 장면이었다. 기다림이 길수록 기대는 커지고 오해도 커졌다.

말보다 더 진한 따뜻한 밥 한 끼

서로 마음 상한 채 집으로 돌아왔다. 운전대를 잡은 내 손도, 조수석에 앉은 딸의 표정도 굳어 있었다. 기쁘게 안아 주고 "고생 많았어."라고 다정하게 말하려 했던 마음은 엉킨 동선과 엇갈린 타이밍 앞에서 온데간데없이 사라졌다. 어떻게 이렇게 삐끗할 수 있지? 그토록 기다렸던 날인데. 집에 도착하자마자 나는 말없이 주방으로 향했다. 전날 미리 끓여 놓은 김치찜과 아이가 좋아할 만한 반찬을 꺼내어 상을 차렸다. 아이도 말없이 자리에 앉았다. 김치찜을 한입 크게 떠넣던 딸아이의 표정이 조금씩 부드러워졌다. 숟가락을 내려놓으며 "오랜만에 엄마 밥 먹으니까 진짜 맛있다." 환하게 웃으며 엄지를 척 내민다. 그 순간 내 속에 뭉쳐 있던 서운함도 스르르 녹아내렸다. 나도 따라 웃었고, 우리는 아무 일 없었던 듯 웃음을 되찾았다. 따뜻한 밥 한 끼가 말보다 더 많은 마음을 전했다.

미숙한 표현과 속도 차이에서 생기는 작은 오해들

그날의 서운함은 미숙한 표현과 어긋난 타이밍에서 비롯되었다. 한 달 동안 걱정하고 기다리던 내 마음을, 자립심을 키워 준다는 이유로 말로 표현하고 싶지 않았다. 딸은 그 마음을 알지 못했을 것이다. 하지만 딸 역시 쑥스러워서 말하지 않았을 뿐 가족을 그리워하며 공항에서의 따뜻한 환영을 기대했을 것이다. 방식이 달라 타이밍이 어긋나니 그리움도 삐걱거렸다. 기다림이 길수록 서운함도 커졌다. 부족한 것은 사랑이 아니라 솔직한 전달이었다. 이제는 내 방식을 강요하지 않으려 한다. 아이의 감정도 내 마음만큼 섬세하다는 걸 인정하려 한다. 엄마도 완벽하지 않음을 받아들이고, 그런 나를 솔직히 보여 줄 용기를 배우고 있다. 부모와 자식의 사랑에도 각자의 속도가 있다. 부모는 그 속도를 기다려 줄 줄 알아야 한다. 사랑은 솔직한 표현과 적절한 시기를 만날 때 커지고, 오해는 작아진다.

🍪 인사이동 TIP 🍪

솔직하게 표현하고 기다리면, 사랑은 커지고 오해는 작아집니다.

어머니와 나

김인경

나만의 회복 시간

취업에 실패했을 때였다. 집에 들어서자마자 어머니가 내 얼굴만 보고도 알아차렸다. 밥부터 먹자고 했다. 한마디면 충분했다. 눈물이 터져 나왔고, 어머니는 아무 말 없이 내 등을 토닥여 주었다. 진급에 실패했을 때는 아버지였다. 침묵하고 있는 나에게 "괜찮다."라고 말했다. 그 한마디가 무너진 마음을 일으켜 세웠다. 그럴 때마다 생각했다. '역시 가족이다. 우리는 서로를 알아.'

연인과의 이별, 직장 상사와 문제로 '나는 실패한 사람인가?' 생각했다. 회복이라는 말은 사치였다. 울다가 숨이 턱턱 막혔다. 본가로 향했다. 문을 열어 준 어머니가 나를 보더니, 무슨 일 있냐고 했다. 얼굴이 안 좋아 보인다며 한번에 알아보았다. 아버지도 걱정스러워했지만 반겨 주었다. 내가 오면 늘 좋다고 한다. 부모님은 한결 같이 나를 아껴 주고 사랑해 준다. 그렇게 조금씩 나아졌다. 매주 주말 본가에 갔다. 부모님과 지내면서 살이 찌고, 웃음이 많아졌다.

편해지니 부모님의 일상이 보였다. 뭔가 달랐다. 어머니는 평소에 하지 않던 전화 통화를 자주 했다. 아버지는 마당에서 잔디와 나무를 손질하는 데만 여념이 없었다. 이때만 해도 별로 신경 쓰지 않았다.

예상치 못한 전쟁터

2주 후, 여느 때와 마찬가지로 현관문을 열었다. 마중 나온 가족이 없었다. 집 안으로 들어가니 어머니가 방에서 나오지 않았다. 아버지는 식탁 의자에 앉아 술잔을 들고 있었다. 아버지의 미간 주름이 평소와 달리 깊어 보였다.

"너 들었냐?"

무슨 이야기를 하려고. 집안 분위기가 낯설었다. 그때까지도 알지 못했다. 회복에만 몰두하는 동안 부모님 사이가 멀어지고 있었다. 어머니는 교회 이전 헌금을 구하러 다녔다. 아버지 모르게 외할아버지를 찾아가 헌금을 요청했다고 한다. 처음 들었다. 아버지는 어제 외삼촌을 통해 들었다고 했다. 아버지의 얼굴이 점점 어두워졌다. 부모님이 서로 이야기하고 잘 해결할 거라 기대했다. 어른들이니까.

그다음 주말이었다. 집에 들어서자마자 공기가 냉랭했다. 아버지는 어머니를 강하게 추궁했고, 어머니는 입을 굳게 다물고 있었다.

내가 기대했던 '어른들의 현명한 해결'은 없었다. 신앙 공동체가 우리 가족만큼이나 소중하다는 어머니, 배신감에 찬 아버지 간의 거리가 좁혀지지 않았다.

'내가 이렇게 힘들 때 왜 이런 일이?' 하는 생각에 혼란스러웠다. 일, 가족, 사랑, 뭐 하나 온전한 게 없었다. '내 회복을 위해서라도 좀 참아 주실 수 없나?' 이기적인 생각만 들었다. 내가 가족의 품에서 위로받을 권리를 뺏기고 있었다.

내 이중적인 모습이 괴로웠다. 감당하기에 버거웠다. 누구에게 털어놓는 것도 어려웠다. 객관적으로 봐 줄 사람이 필요했다. 심리상담사를 찾아갔다. 상담사에게 이야기하는 과정에서 정리가 되었다. 사건 하나씩, 입 밖으로 꺼냈다. 상담사는 "어느 가정에나 있는 일이에요. 뿌리가 흔들리는 상황에서도 잘 견디고 계십니다."라며 위로해 주었다. 상담사의 말에 그동안의 설움이 밀려와 울컥했다. 이기적인 생각이 아니라 자녀들의 당연한 생각이라고 했다. 내 생각은 건강하다고, 자녀로서 중재하려는 마음도 기특하다 했다. 내가 알지 못하는 기혼 여성의 마음도 대변해 주었다.

조금씩 달라지는 시선

어머니와 단둘이 외식하고 산책로를 따라 걸었다. 말없이 그저 걷기만 했다. 어머니가 가까스로 입을 떼고 마음속 이야기를 했다. 자녀가 모르는 상처가 있었다. 앞으로 어떻게 살아갈지 고민했다.

내 아픔만이 아픔이 아니었다. '나를 사랑하는 엄마'로만 봤던 내가 어린아이 같았다. 조용히 듣고만 있다가 어머니 마음을 헤아렸다. 눈을 마주치며 대화를 이어 갔다. 어머니는 딸과 깊은 이야기를 나눌 수 있다는 사실에 놀라워했다. "우리 딸 언제 이렇게 컸니. 마음을 어루만져 주는 사람이 됐네."라고 했다. 나도 힘들어서 심리 상담 받고 있다고 말했다. 어머니에게도 상담소 같은 장소가 있다고 한다. 어디인지 알 듯했다.

가족의 평화를 되찾기 위해서라도 뭔가 하기로 했다. 다시 예전처럼 편안한 가족의 품으로 돌아가고 싶었다. 안전한 울타리를 되찾고 싶었다. 아버지를 만나서 어머니가 아버지 모르게 행동했던 이유를 설명했다. 어머니께는 아버지가 섭섭해한 마음을 전달했다. 상황은 더 나빠졌다. 부모님의 상처는 생각보다 깊었다. 끼어들기엔 복잡한 문제였다.

어른이 된 나

한 달 후, 어머니는 나와 함께 지내기 시작했다. 매일 아침 가방을 챙겨 교회로 출근하고, 밤이면 조용히 집으로 돌아온다. 얼굴에는 생기와 광채가 돈다. 새로 시작한 일상을 즐기는 모습이다. 어머니에게 교회는 단순한 종교 활동의 공간이 아니었다. 교회 공동체에서 가족에게서 얻지 못하는 무언가를 얻고 있었다.

누구에게나 울타리가 무너질 때가 있다. 혼자 남은 기분이 들고 원망이 찾아온다. 하지만 이제는 기댈 곳을 찾지 않는다. 내 마음을 먼저 살피고 돌본다. 울고 난 뒤에 스스로 일어선다. 부족한 점이 있다는 사실을 받아들인다. 그렇게 나는 어른이 되었다.

가족을 바라보는 시선을 바꿨다. 이해하고, 관찰하고, 진심을 읽는다. 어떤 선택을 하든 지지한다. 그렇게 하니 가족을 더 잘 돕고 챙길 수 있었다.

우리는 가족이면서도 각자 다른 어른이다. 서운해하기만 할 땐 무슨 생각을 하는지 알 수 없었다. 다름을 인정할 때 진심을 들을 수 있었다. 차이를 존중하니 상대를 더 깊이 알 수 있었다.

인사이동 TIP

누군가 내 마음을 몰라줄 때, 먼저 그 사람의 마음을 내가 얼마나 알려고 했는지 돌아봅니다.

함께 살았지만, 함께 나눈 말은 없었다

김한조

신혼의 시작과 균열

나이 스물다섯, 미래를 심각하게 고민하지 않았다. 부모님, 누나와 한집에서 신혼 생활을 시작했다. 부모님 집에서 대대로 이어 산다고만 생각했다. 가족끼리 돈독하고 정이 많지는 않았다. 그렇다고 큰 불화가 있는 것도 아니었다. 하지만 1년이 지나며 균열이 보이기 시작했다.

2000년대 초, 다단계 사업이 유행했다. 파산하는 집이 많았다. 사람을 모아 물건을 팔고, 수수료는 소개자에게 올라가는 구조라 '피라미드'라고도 했다. 위로 갈수록 일을 안 해도 돈을 버는 이론이다. 솔깃하지만, 연결 고리가 끊어지면 본인이 수익을 메꿔야 해서 점차 망하는 게 순서였다.

퇴근해서 돌아온 나를 앉혀 놓고 엄마와 누나가 설명할 것이 있다고 했다. 뭔가 싶어 듣다 보니 누가 봐도 다단계였다.

"이게 될 거라고 생각해? 적당히들 해, 집안 망하는 꼴 보고 싶지 않으면."

못 참고 일어섰다. 잠깐 저러다 말겠지 싶었다. 그들은 점점 더 빠져들어 갔다. 계속 우리 부부에게도 참여를 강요했다. 친척들은 엄마를 말려 보라며 연락이 왔다. 설득해 보았지만, 오히려 우리가 거들지 않는 걸 이해하지 못했다.

패밀리 레스토랑에 다니고 있던 내게 엄마는 말했다.

"그깟 식당이나 나가서 몇 푼이나 번다고 그래. 내 말 들으면 편하게 돈 벌 텐데 왜 말을 안 들어? 내 집에 얹혀살면서 이런 것도 안 도와줄 거면 나가!"

2001년 12월 추운 겨울, 짐가방에 옷가지들만 싸 들고 거리로 나왔다.

아버지는 거실에 앉아 TV를 보며 소주를 마시고 있었다. 남의 일인 양 쳐다보지도 않았다. 나가는 우리를 붙잡지도, 어떤 말도 행동도 하지 않았다. 누구의 편을 들지도 않았다. 그 무심한 모습은 우리 부부에게 깊게 각인됐다.

독립의 원망

집을 나와 처음 마주한 세상은 막막했다. 집을 구하는 일부터가 큰 벽이었다. 전세, 대출 같은 단어는 들어만 봤다. 하지만 무엇부터 시작해야 하는지 몰랐다. 믿고 의지할 사람도, 도움받을 곳도 없었다. 대출을 받게 해 준다며 들어간 첫 집에서는 전세 사기를 당했다. 악순환이 계속될 것만 같았다. 집에서 쫓겨났을 때와는 또 다른 허무함이 몰려왔다. 모든 안 좋은 상황을 가족들 탓으로 돌렸다. 원망은 더욱 깊어졌다. 그렇게 집을 나와 살며, 가족들과의 연을 완전히 끊었다.

집의 소식은 친척들을 통해 간간이 들려왔다. 부모님은 재산을 모두 잃고 빚더미에 앉았고, 책임을 따져 가며 싸우다 이혼했다. 엄마와 누나는 함께, 아버지는 혼자 산다고 했다. 엄마와 누나의 근황은 궁금하지 않았다. '둘이라면 어떻게든 굶지는 않겠지.'라고 생각했다. 아버지 혼자 살아가는 모습이 눈에 훤히 그려졌다. 수소문 끝에 찾아가 보았다. 지하 단칸방에 홀로 지내고 있었다. 안쓰럽다기보다는, 집에서 나올 때 아무 말도 하지 않던 무심한 모습이 떠올랐다.

아버지 세대의 뒷모습

시간이 지나 첫 아이가 생겼다. 아이를 봐 줄 사람이 필요했다.

주로 아내가 퇴근 후 아이를 데려오곤 했지만, 야근이라도 하는 날엔 대책이 없었다. 아버지가 떠올랐다. 썩 내키지는 않았다. 하지만 아이 문제를 해결해야 한다는 현실과 모른 척 살아온 것을 후회하지 않을까 하는 찜찜함이 마음을 흔들었다. '부모의 마음을 이해해서'가 아니라, '나를 위해' 내린 결정이었다.

아내에게 조심스럽게 심정을 털어놓았다. 내키지 않을 게 분명했다. 하지만 고맙게도 내 뜻을 받아 주었다. 집을 나와 독립한 지 5년 만에 아버지는 우리 집으로 들어왔다.

아버지를 모시고 살았다고 해서 갑자기 모든 감정이 풀린 건 아니었다. 그저 '내가 할 도리는 이 정도'라는 마음뿐이었다. 안타까움이 없는 것은 아니다. 살아온 세월과 흔적을 따라가 보면 '그럴 수도 있겠다'라는 생각도 든다.

아버지 세대는 IMF를 온몸으로 겪었다. 한 직장에서만 일해 왔지만, IMF 때 정리 해고를 당했다. 평생 월급만 받아 온 사람이었다. 갑자기 나온 사회에서 할 줄 아는 건 없었다. 이런 사람들은 사기꾼의 좋은 먹잇감이었다. 군대에서 전역하고 보니, 아버지의 퇴직금은 한 푼도 없었다. 엄마는 '땅 개발을 한다.', '오락실 기계를 수입한다.' 하며 접근한 사람에게 퇴직금을 모조리 써 버렸다. 30년 넘게 일하고 받은 목돈을 몇 달 만에 날렸다. 그때부터 아버지는 아무 일도 하지 않았다. 남은 허탈감만으로 살았을 수도 있다.

묻지 못한 질문의 여운

아버지는 손자가 크는 모습도, 손녀의 재롱도 지켜봤다. 휴가 때는 가족여행을 떠나기도 했다. 식탁에 둘러앉아 밥을 먹고, 생일이면 촛불을 켜고 사진을 찍는 순간들도 있었다. 소소한 일상들이 쌓이며 관계의 거리를 좁혀 주기도 했다. 겉으로 보기엔 평범한 가족 같았다. 하지만 마음속에는 여전히 상처가 남아 있었고, 끝내 아물지 않았다.

한 번쯤 물어볼 걸 그랬다. 무엇을 원했는지, 행복했는지, 후회는 없었는지. 그러나 과거를 꺼내는 일은 서로에게 너무 큰 상처만 남길 것 같아 엄두를 내지 못했다.

2018년 가을, 아버지는 폐암 말기 선고를 받았다. 특별한 증세도 없었다. 6개월을 넘기지 못했다. 누구에게도 부담을 주지 않고 조용히 세상을 떠났다. 특별한 말도, 눈물도 없었던 마지막 순간은 오히려 더 선명하게 남았다.

현실적인 문제가 오히려 멀어졌던 아버지와 다시 살게 해 주었다. 모든 상처를 지워 내지는 못했지만, 함께한 시간마저 없었다면 남은 후회는 더 컸을 거다. 받은 만큼 해 주고 있다고 생각했다. 어리석었다. 내가 더 받았다고 얻을 것도, 더 주었다고 손해 볼 것도 없다. 마음을 주고받는 양은 비교할 수 있는 게 아니었다.

지금도 가끔 생각한다. 서로를 조금이라도 알고 떠났다면 남은 마음의 무게가 달라졌을까. 아쉬움은 시간이 흐른 뒤에야 크게 다가왔다. 인생에서 가장 아쉬운 대화는 하지 못한 대화인 걸 이제야 알았다.

부모님은 언제나 내 곁에 계시지 않는다. 궁금한 게 있다면 한 번쯤 질문을 던져 봐도 좋다. 선뜻 먼저 꺼내진 않더라도, 자신의 이야기를 들어 줄 날을 조용히 기다리고 있을지도 모른다.

🔖 인사이동 TIP 🔖

시간은 생각보다 빠르게 지나갑니다. 미뤄둔 마음은 결국 후회로 남습니다.

엄마의 마음을 다시 읽다

신재원

복도에서 내가 놓친 얼굴

복도에 서 있던 엄마의 뒷모습이 아직도 선명하다. 진료실 문이 닫히자, 복도의 공기가 갑자기 차갑게 식었다. '간 이식'이라는 단어가 귓속에서 울렸다. 접수 창구를 찾아 이리저리 발걸음을 옮기면서도 시선 한쪽에 엄마가 들어왔다. 살짝 기운 어깨 위에 무거운 무언가가 얹힌 듯했지만, 오래 보지는 않았다. 내 머릿속은 이미 수술 날짜, 병원 절차, 회사 병가 계획 같은 체크리스트로 가득 차 있었다.

그날 밤, 일기장에 적었다.

'하나씩, 순서대로. 지금 할 수 있는 걸 하자.'

이 문장은 스스로를 붙드는 주문이었지만, 지금 돌아보면 정작 그 순간 나는 엄마의 표정과 감정은 읽어 내지 못했다.

수술을 미루고 입원을 거부하던 나날들

"지금 당장 수술하셔야 합니다."

이식외과 교수님의 목소리는 단호하고 조심스러웠다. 그런데 엄마는 묵묵부답이었다. "언제 할 거야?"하고 물으면, "아직은 아니야… 해야 하는 건 알겠는데, 올해 말쯤?" 말끝은 점점 낮아지고, 한숨은 길어졌다. 나는 그 한숨을 '두려움'이 아니라 '결정 지연'으로만 읽었다. 이미 기증자 검사와 준비를 마친 나로서는 답답했고, 의료 파업으로 병원 사정이 불안해지면서 초조함은 더 커졌다.

수술이 한 달 남짓 남았을 때, 입원을 서둘러야 하는 상황에서도 엄마는 몸서리치듯 입원을 거부했다. "집에 있다가 직전에 입원하면 안 돼?"라는 말을 며칠 동안 반복했다. 나는 이유를 차분히 설명했지만, 대화는 금세 막혔다. 입원 후에도 달라지지 않았다.

"퇴원하면 안 돼?"

하루에도 몇 번씩 나오는 말. 나는 그걸 단순한 불안감 표현 정도로만 여겼고, '왜 발 동동 굴리면서 밤낮으로 걱정하고 애태우는 가족들 생각은 안 하는 걸까'라는 서운함만 깊어졌다.

서운함의 이유를 돌아보니

내 서운함 뒤에는 '내가 이렇게 열심히 알아보고 노력하는데 엄마가 적극적으로 나서지 않는다'라는 답답함이 있었다. '엄마가 빨리 건강해지셨으면'하는 간절함을 조급함으로 표출했다. 그때의 나는 엄마가 '이 모든 상황에 고마워하며 적극적으로 치료에 임해야 한다'라고 생각했다. 나와 가족들의 노력에 대한 보답으로, 가족들의 걱정을 덜어 주기 위해 긍정적인 모습을 보여 주길 기대했었다. 하지만 현실의 엄마는 그런 내 기대와 달랐고, 나는 서운했다. 돌이켜 보니 나는 엄마의 '표면 행동'만 보고 판단하고 있었다. 엄마가 왜 그토록 힘들어하는지, 수술을 망설이는지 그 마음 깊은 곳의 이유를 읽으려 하지 않았던 것이다.

내가 놓친 엄마의 마음

친구에게 속상한 마음을 털어놓던 밤, 친구가 말했다.
"내가 엄마라면 딸이 간 기증을 해 준다고 했을 때, 나라도 미안하고 무서워서 망설였을 것 같아."
그 한마디에 마음속 문장이 바뀌었다. '왜 저럴까?'에서 '나라도 그랬겠다'로. 간호사님의 말씀도 마음에 박혔다.
"보호자분, 충분히 하고 계세요. 지금은 마음의 준비가 제일 필요해요."
그제야 '내가 더 해야 할 일'보다 '엄마가 견디고 있는 마음'이 보였다. 엄마에게 그 상황은 얼마나 견디기 힘든 시간이었을까. 딸에게 이런 부담을 지우게 되었다는 죄책감과 그럼에도 살아야 한다는 절박함 사이에서 얼마나 괴로우셨을까.

회진이 끝난 병실, 엄마가 불쑥 말했다.
"너한테 너무 미안해."
그 말이 나오기까지 얼마나 오래 망설였을까. 나는 "괜찮아. 다 잘될 거야."라고 답했지만, 그 말은 대화를 멈추게 했다. '미안해'는 '내 마음을 좀 들어 줘'라는 신호였다. 나는 그 마음을 묻지 못했다.

마음은 같으나 방식은 달랐던 우리

며칠 뒤, 일기를 다시 읽으며 깨달았다. 엄마의 미루기와 거부는 '버팀'이었다. '버팀' 뒤에는 병실 불빛이 꺼진 뒤 찾아오는 막막함, 이식 후의 삶에 대한 낯섦, 딸에게 짐이 될까 하는 두려운 마음이 있었다. 그건 감당하기 힘든 두려움과 미안함의 다른 얼굴이었다. 감정의 무게가 찬물처럼 차갑게 밀려올 때 사람들은 각자의 방식으로 자신을 지킨다. 엄마의 방식은 '잠시 멈춰 서기'였고, 나의 방식은 '바삐 움직이기'였다. 우리는 같은 두려움 앞에서 정반대로 반응하고 있었다.

그때 문득 생각이 들었다. 아무리 가까운 사람이라도 상대가 나와 같은 생각과 기대, 같은 반응을 보일 수는 없다는 것을. 엄마가 내 방식대로 적극적이고 빠르게 움직이기를 바랐던 내 마음도, 엄마 나름의 속도와 방식이 있다는 걸 몰랐던 무지에서 비롯된 것이었다. 갈등을 무조건 피하려 하지도, 성급하게 해결하려 들지도 않고, 관계의 속도와 온도를 조절할 줄 아는 지혜를 배워야겠다는 생각이 들었다. 속도를 늦추자 비로소 엄마의 말 뒤에 숨은 진심이 들렸고, 내 감정도 차분히 정리할 수 있었다.

관계를 바꾼 세 가지 변화

밤마다 일기장을 다시 읽었다. '해야 한다', '빨리' 같은 단어와 엄마를 설득하려는 문장들이 페이지마다 반복됐다. 그걸 보고 다음 날부터는 일기 맨 위에 세 단어를 적기 시작했다. '묻다, 기다리다, 기록하다.' 그리고 작은 메모를 만들어서 휴대 전화 첫 화면에도 띄워 두었다. '설명보다 질문, 조언보다 요약, 즉시 반응보다 24시간.' 그날 이후로 나는 세 가지를 실천했다. 하루 묵히기, 표면과 핵심 감정 분리하기 그리고 확인 질문 한 문장 건네기.

엄마에게 설명 대신 질문을 건넸다.
"엄마, 지금은 뭐가 제일 많이 걱정돼?"
잠깐의 침묵 후에 돌아온 대답은 "네 건강, 그리고 내가 괜찮아질 수 있을까?"였다. 입원 거부라는 행동 뒤에 담긴, 나를 향한 미안함과 미래에 대한 두려움이 이제 보였다. 예전엔 내 이야기를 하기 바빴다면, 이제는 엄마의 생각과 감정에 한 번 더 귀 기울이고,

엄마의 표정을 더 주의 깊게 살펴보려 노력했다.

이 과정에서 나는 하나의 진실을 배웠다. 모든 감정에는 이유가 있고 그 이유는 겉으로 드러나는 모습과 다를 수 있다는 것. 그리고 그 이유를 생각해 봐도 잘 모르겠을 때는 추측 대신 질문하는 것이 도움이 될 수 있다는 것. 상대의 마음에 대한 궁금증과 질문이 관계 전체를 바꿀 수 있다는 것을 말이다.

◎ 인사이동 TIP ◎

상대의 행동이 이해되지 않을 때, "내가 저 상황이라면 어떻게 행동했을까?"를 먼저 생각해 본다. 즉시 판단하거나 설득하려 하지 말고, 하루 정도 시간을 두고 상대의 마음을 궁금해한다.

작은 용기

유혜인

마주하지 않은 관계

나는 내 감정을 숨기는 게 익숙하다. 타인의 감정도 알려고 노력하지 않는다. 내 관계 방식은 감정을 나누기보다 시간을 공유하는 것이었다. 시간으로 관계가 유지된다고 믿었다. 15년 된 친구에게 단절의 문자를 받기 전까지는.

"쌓여 있는 문자들을 보면 숨 막혀. 모든 사람이 불편해. 떠나도 될까?"

문자를 읽는 순간 머리가 멍해졌다. '숨이 막힌다니? 무슨 말이지?' 답을 찾으려 한참 대화창을 올려봤다. 그제야 대답 없던 단체방의 메시지, 읽지 않은 개인 메시지가 눈에 들어왔다. 손에 힘이 풀렸다. 우리가 이렇게 끝이라니.

시도 때도 없이 눈물이 맺혔다. 밥 먹다가도, 씻다가도, 자다가도 베개를 적셨다. 사진을 꺼냈다. 사진 속 나는 동경의 눈빛으로 친구를 보며 행복한 듯 웃고 있었다. 함께한 도쿄 어학연수, 니시카사이 해양 공원, 자전거를 타고 누빈 시코쿠 섬, 난바의 싱그러웠던 여름 아침 장미공원, 오키나와 바다를 둥둥 떠다녔던 스노클링, 일본 노래로 가득한 노래방, 핫도그 세트로 코스튬 했던 핼러윈데이, 내 볼이 말랑말랑하다며 꼬집던 손, 반갑게 이름을 부르며 맞아 주던 모습…. 그 모든 추억이 떨어지는 눈물처럼 선명했지만, 친구의 마음은 뿌연 시야처럼 보이지 않았다.

함께한 시간 동안 친구에게 마음을 물어본 기억도, 내 마음을 전한 기억도 없다. 그렇기에 나는 떠나겠다는 친구에게 "왜?"라고 물을 자격도, 붙잡을 용기도 없었다. 15년의 짝사랑이 끝났다. 내가 믿어 왔던 시간을 공유하는 관계는 허무하게 사라졌다.

너를 잃고 마주한 나

'결국 이렇게 끝날 관계였다면 피하지 말고 마주해 볼걸. 용기를 내 볼걸. 마음을 한 번이라도 전했다면 이렇게 힘들지 않을 텐데.' 하는 후회의 시간이 깊은 칼날이 되어 나를 찔렀다. 말하지 못한 감정들이 내 안에 맴돌며 숨을 조였다.

나는 겁쟁이였다. '기대한 만큼 날 좋아하지 않으면? 날 중요하게 생각하지 않으면?' 하고 보답받지 못할까 봐 두려웠다. 한편으론 친구가 모든 걸 보여 줬는데 감당하지 못할까 봐 무서웠다. 동경했던 모습이 상상과 다를까 봐 친구를 제대로 보지 않았다. 이런 못난 감정을 숨기기 위해 깊은 관계가 불편한 척, 그저 시간만 함께 보내면 충분한 척 스스로를 속였다. 도망쳤다.

내 마음을 알리는 용기

친구에게 문자를 보냈다.

> "너와 보낸 시간이 나한텐 편안하고 소중했어. 그냥 네가 괜찮았으면 좋겠고, 네 방식대로 잘 숨 쉬고 있었으면 해. 네가 괜찮기를, 편안하기를, 조용히 응원하고 있을게."

이어지지 않는 문자만 덩그러니 남았다. 괜찮았다. 짧지만 솔직한 감정을 전했기에 숨을 쉴 수 있었다. 어쩌면 친구도 나와 같은 겁쟁이였는지도 모른다. 나처럼 용기가 필요했던 건지도 모른다. 그러니 끝맺음보다 기다림을 택했다.

이 일로 나는 진정한 관계를 이어 가고 싶다면 때론 감정을 전하는 게 필요하다는 걸 깨달았다. 어색하고 낯설지만, 작은 용기를 내어 마음을 사람들에게 전한다. 조금씩, 천천히.

관계의 고마움

마음을 전하다 보면, 곁에 남은 사람들이 더욱 고맙다. 내게 서운하다며 마음 전해 온 친구, 같은 공간 말없이도 함께 있는 친구, 추억 하나로도 여전히 울고 웃을 수 있는 친구, 가끔 생각났다고 연락을 주는 반가운 사람들. 나를 기다려 준 사람들. 그들에게 마음을 표현한다. 거창한 건 아니다. 그저 "잘 지내?", "오늘도 힘내자.", "고마워.", "너와 함께해서 행복해." 같은 짧은 말을 전한다.

이제 나는 안다. 마음을 건넨다는 건, 나를 솔직하게 드러내는 작은 용기에서 시작된다는 것을. 그리고 그 용기가 사람을 남기기도, 떠나보내기도 하지만 결국 나에게 정말 소중한 관계를 남겨준다는 것을.

인사이동 TIP

내 마음을 전하는 작은 용기를 내 봅니다. "잘 지내?", "너랑 이야기해서 좋았어.", "고마워." 같은 작은 한마디로 관계에 깊이를 더할 수 있습니다.

그가 떠난 후, 내가 보였다

이복선

의지했던 손을 놓았다. 내가 그토록 찾던 사랑은 지나고 보니 내 안에 있었다. 그리고 진정한 회복은 누군가를 의지하고 누군가에게 인정받는 것이 아니라 자신을 알아주는 데서 시작된다는 것을 깨달았다.

믿었던 시작과 현실의 무게

부모의 반대를 무릅쓰고 결혼했다.
"왜 하필 그 사람이야?"
엄마의 걱정 어린 목소리가 아직도 귓가에 남아 있다. 그때는 확신했다. 연애할 때 그가 보여 준 자상함과 배려가 꿈꿨던 소박하고 따뜻한 가정을 만들 수 있다고 믿었다. 어떤 역경이 와도 이겨 낼 수 있다고 생각했다.

얼마나 순진했던가.

결혼과 함께 삶의 무게가 한꺼번에 덮쳐 왔다. 엄마, 직장인, 며느리, 아내. 하루아침에 여러 이름이 새겨졌다. 시댁 부모뿐 아니라 조부모 제사까지 모두 내 몫이 되었다. 남편은 '집안일은 여자 일'이라며 당연하게 여겼다. 아이가 아플 땐 '내 사랑이 부족해서 아픈 건 아닐까?' 하며 자책의 밤이 이어졌다. 아픈 아이를 두고 출근하면 발걸음이 무거웠다. 남편은 가끔 아이를 봐 주긴 했지만, 아이가 아프거나 보채면 금세 짜증을 냈다. 그런 날이면 두 아이를 품에 안고 천장을 바라보며 울었다. '같이 키운다'라는 건 그저 착각이었다. 기쁨이어야 할 육아는 고독한 전쟁이 됐다. 남편과 나는 같은 지붕 아래 살면서도 다른 세상을 살고 있었다. 서로 말을 잃어 갔다.

그의 아내로 사는 게 버거웠지만, 조금만 참으면 행복이 오리라 믿었다. 두 아이는 함께 지키고 싶었다. 그러나 남편의 무리한 사업으로 순식간에 우리는 빚더미에 올랐다. 가전제품에 빨간딱지가 붙었다. 남편은 아무런 수습 없이 사라졌다. 나는 무엇부터, 어떻게 감당해야 할지 몰랐다. 가족의 안전도 위험해졌다. 남편을 찾으면 경찰에게 신고하라는 말만 들릴 뿐이었다.

협박과 공포 뒤 위로와 뒤늦은 깨달음

사채업자들이 내가 다니는 회사 근처까지 와서 남편의 행방을 물어봤다. 회사 동료들이 누군가 찾아왔다는 소리를 할 때마다 가슴이 두근거렸다. 남편 식당에서 일했던 직원 몇 명은 돈을 내놓으라며 고함을 치고 집 앞을 서성이곤 했다. 집에는 수험생인 두 아이와 아픈 친정어머니가 있었다. 하루는 작은아이에게 중년 여성이 다가와 남편 전화번호를 달라고 소리쳤다. 아무것도 모르는 아이는 독서실에 가려다 겁이 나서 다시 집으로 돌아왔다. 그 여성은 나에게 "돈을 안 주면 아이 하굣길과 학원 근처에 가서 가만두지 않겠다."라고 협박했다. 명절 때는 현관문을 누군가가 사정없이 발로 차고 두드렸다. 참다못해 경찰에 신고하기를 여러 번 반복했다. 남아있는 가족들은 정신적 스트레스가 상당했다. 그럼에도 두 아이는 힘든 시기를 잘 이겨 냈다. 아이들은 묵묵히 곁을 지켜 주었다. 두 아이는 무사히 수능 시험을 치렀다. 그와의 시간은 아프고 서운했지만, 두 아이가 나에게 있어 감사와 위로가 됐다.

시간이 지난 이제야 그때를 마주한다. 나와 다른 방향을 보고 사는 사람의 방향을 돌리려고 노력하는 건 어리석었다. 그 사람에게 서운했던 이유를 스스로에게 질문해 본다. 꿈꾸는 평범한 가정도 큰 욕심이라는 것을 알았다. 최소한의 가족에게 사랑을 주는 남편을 기대했다. 힘든 상황에 노력하는 나를 그에게 보상받고 싶었다. 하지만 그는 막다른 골목으로 몰리자 가족을 지키지 못했다. 가족에게 사랑을 표현할 줄 몰랐고, 그런 그를 이해하지 못했다.

내 기준으로 바꾸려고만 했다. 계속되는 상처는 아물지 못했다. 억지로 되는 것은 없다. 타인에게 내 행복을 의지하면 그만큼 괴로움도 따른다는 것을 알았다.

'나'를 알아주기 시작한 지금

언제나처럼 아이들과 하루하루를 살아간다. 완벽하지 않아도 괜찮다. 아이들과 나누는 눈빛, 말 한마디, 작은 손길 속에서 내가 그토록 바라던 사랑이 있다는 걸 알았다. 아이들과 보내는 평범한 시간이 내가 진정으로 원하던 소박하고 따뜻한 행복이었다는 것을 지금은 안다.

그 사람은 마음을 몰라줬지만, 그 시간은 나를 더 단단하게 만들었다. 누군가를 의지한다는 것이 힘이 될 수도, 실망이 될 수도 있다는 걸 배웠다. 진짜 회복은 자신의 마음을 알아주고 보듬는 데서 시작된다. 누구도 내 마음을 완벽히 알아주지 않더라도 괜찮다. '나'를 스스로 알아주기로 했으니까. 내 감정을 외면하지 않기로 했으니까.

서운함으로 가득했던 기억이 이제는 나를 성장시킨 시간으로 자리 잡았다. 아픈 이별이 아닌, 아름다운 이별이 됐다. 내 안의 감정은 웃고, 울고, 버틴 시간 속에서 비로소 회복됐다. 자신을 알아 가기 시작했다. 내가 찾던 사랑은 멀리 있지 않았다. 바로 곁에 그리고 내 안에 있었다.

> 🍡 **인사이동 TIP** 🍡
>
> 타인에게 무언가를 바랄 때, 때로는 실망과 서운한 마음으로 돌아옵니다. 그 마음을 보듬다 보면 비로소 남이 아닌 나를 의지하게 됩니다. 억지로 남을 바꾸기보다 '나'를 보다 보면 내가 바라던 사랑과 행복이 이미 내 안에, 내 곁에 있을지도 모릅니다.

깊이 있는 시절 인연

이윤경

시절 인연이란 말이 주는 불편함

나는 '시절 인연'이라는 단어가 싫다. 그 말은 함께했던 순간과 추억을 '그저 지나가는 인연'으로 정리해 버리는 것 같기 때문이다. 물론 각자의 삶을 살다 보면 자연스럽게 멀어지는 사이도 있고, 애써 이어 가려 해도 끝나 버리는 관계도 있다. 모든 관계를 평생 깊게 이어 갈 수는 없다. 하지만 적어도 마음을 나누었던 깊은 사이는 쉽게 끊어지지 않는다고 생각했다. 그래서 '시절 인연'이라는 단어에 부정적인 생각을 품어 왔다.

싸우지 않고도 멀어진 사이

고등학교 시절 누구보다 가까웠던 친구가 있었다. 같은 종교를 가졌고, 좋아하는 음식도, 성향도 비슷했던 우리는 3년 내내 같은 반이었다. 다른 친구들보다 훨씬 많은 추억을 쌓았고, 대학 진학 후에도 연을 이어 나갔다. 함께 여행을 가고, 남들에게 말할 수 없는 고민들을 나누며 서로의 일상을 곁에서 지켜봤다. 그렇게 20여 년을 보냈다. '나 우울해, 나와!'라고 연락하면 갑자기 만날 수 있는 그런 사이였다. 하지만 코로나19 이후 회사를 이직한 나는 바빠졌고, 그 친구는 결혼 준비를 하면서 서로 연락이 뜸해졌다. 뜨문뜨문하게 된 연락에도 서로의 관심사와 방향이 달라지니 그리 오랜 대화를 이어 나갈 수가 없었다. 그 변화는 생각보다 훨씬 큰 거리를 만들었고, 그 과정에서 느껴진 서운함이 서로를 오해하게 만들고 있었다.

사실 처음에는 대수롭지 않았다. 삶이 너무 바쁘기도 했고, 자주 연락을 안 할 때도 있었으니까. 그러다 서로 조금씩 줄여 가던 연락을 그냥 완전히 멈췄다. 그렇게 우리는 '싸우지 않고 멀어진 사이'가 되었다. 겉으로는 아무 갈등도 없었지만, 친구와의 사이에 감정의 골이 생겨 버린 것 같았다. 신경이 쓰이긴 했지만, 굳이 집중하지 않으려 했다. 한편으로는 '결혼식 할 때 연락이 오겠지.' 하며 그냥 넘긴 것도 있다. 그런데 자꾸 마음에 걸리는 지점들이 생겼다. SNS에서 친구의 웨딩 촬영 사진을 보았던 날, '왜 나에게는 결혼 소식을 알리지 않지?'라는 생각이 들었다. 분명 축하할 일인데, 그 순간엔 축하보다는 서운함이 먼저 밀려왔다. 먼저 연락해도 되지만 어쩐지 자존심이 허락하지 않았다. 때마침 들어가게 된 모임에서 인연을 쌓아 가느라 바빴다. 여전히 불편했지만 내 일상은 바쁘게 돌아가고 있었다. 불편한 마음들에 집중할 여유가 없었다.

용기 내어 건넨 첫 연락

정신없이 하루하루가 흘러가고, 친구의 결혼식은 한 달 정도가 남게 되었다. 이제는 결혼 소식을 들어야 할 때가 되었는데, 아직 연락이 없다. 결혼이란 건 인생의 큰 사건이니까 몇 개월의 연락 두절과는 상관없이 20년 지기 친구를 축하해 주고 싶은 마음은 있었다. 그리고 엄밀히 따지자면 딱히 우리가 싸운 것도 아니었다. 며칠 고민하다 내가 먼저 카카오톡을 보냈다. 아주 조심스럽게, 하지만 솔직하게 내 마음과 생각을 전달했다. 그리고 답장이 왔다. 그 친구도 그동안 나와 같이 감정의 거리를 느꼈다고 했다. 연락해야지 하다가 시간을 흘려보냈고, 상황이 이렇다 보니 결혼식에 초대해도 내가 오지 않을까 봐 소식 전하기를 망설였다고 했다. 그 말에 웃음이 나면서도 우리의 사이에 그런 주저함이 생겼다는 사실이 씁쓸했다.

몇 번의 메시지를 주고받는 동안 오해가 조금씩 풀려나갔다. 서로 마음속에 불편함이 있었지만, 그 친구도 나처럼 연락을 기다리고 있었다. 그리고 우리는 몇 달 만에 직접 만나 그동안의 이야기를 나눴다. 20년 세월은 그냥 쌓인 게 아니었다. 몇 마디 솔직한 대화를 나누니 언제 그랬냐는 듯 풀렸다. 멀어진 거리보다 함께한 시간이 더 크게 다가왔다. 그리고 그 계기를 통해 우리는 이전보다 더 깊고 단단한 신뢰를 쌓을 수 있었다. 이후 진심으로 친구의 결혼식에 참석해 축하해 주었다. 지금은 예전처럼 자주 만날 순 없다. 하지만 종종 만나며 웃고 시시콜콜한 이야기로 근황을 나눈다. 그 친구는 여전히 내가 어떤 일이 생기거나 새로운 경험을 했을 때, 제일 먼저 떠올릴 수 있는 사람 중 하나다. 아마도 긴 시절 함께했던 시간 하나하나가 내 마음속에 깊이 새겨져 있기 때문일 것이다.

관계에 관한 생각의 변화

관계란, 끊이지 않고 이어지는 것만이 진짜라고 생각했다. 그래서 영원히 변하지 않고 항상 같은 온도로 나를 대해 주는 사람만이 믿을 만한 사람이라고 여겼다. 만약 여러 이유로 멀어지게 된다면, 내 관계 리스트에서 지워 버려야 한다고 생각했다. 하지만 지금은 생각이 바뀌었다. 서로의 삶이 달라지고 속도가 달라지더라도 마음속에 따뜻한 기억이 남아 있다면, 그 관계는 언제든 다시 이어질 수 있다. 이 친구와의 일을 통해 나는 그 사실을 알게 되었다.

나는 그것을 '깊이 있는 시절 인연'이라고 부르고 싶다. 관계의 시절이 지나갔더라도 서로의 마음속에 남아 있는 따뜻한 기억이 있다면, 그건 다시 이어지는 인연이 될 것이다. 잠시 멀어졌더라도 다시 마주 앉을 수 있는 여지가 있다면 오히려 그 공백 속에서 서로에 대한 감정을 돌아볼 수 있다. 그렇게 함으로써 관계는 더 단단해질 기회를 얻게 된다.

시절 인연, 난 여전히 그 단어가 싫다. 하지만 세상에는 정말로 시절 속에서만 반짝이다 사라지는 인연도 있다는 것도 인정한다. 시간이 흐르면 자연스럽게 잊히고, 굳이 이어 가지 않아도 괜찮은 그런 관계들 말이다. 그러나 반대로 시간이 지나도 조금의 용기만 낸다면 다시 이어질 수 있는 인연도 있다.

사람은 누구나 늘 같은 자리에 머물 순 없다. 서로 살아가는 모습이 다르기 때문이다. 하지만 모습이 다르다고 해서 반드시 관계가 끊어지는 것은 아니다. 때로는 서로의 간격이 넓어져도, 마음속에 남은 기억과 추억이 그 틈을 잇는 다리가 되어 준다. 중요한 건 다름의 차이를 인정하면서도 여전히 이어질 수 있게 연결을 지켜내는 일이다.

그렇게 나는, 예전만큼 자주 보진 않더라도 그 친구와의 인연을 여전히 소중히 마음에 품고 있다. 그리고 나 역시 누군가의 인생에서 그런 사람으로 남아 있기를 바란다. 언제든 마주 앉아 그동안의 이야기를 나눌 수 있는 사람. 오늘은 그리운 인연들에 용기 내 먼저 연락을 건네 봐야겠다.

❧ 인사이동 TIP ❧

오늘 그리운 인연 중 한 사람에게 먼저 안부를 전해 본다면 그 작은 용기가 멀어진 관계의 문이 다시 열어 줄지도 모른다.

시간이 부모를 이해하게 했다

정청한

불안 속에서 자란 어린 시절

어렸을 적, 우리 집은 화목한 가정과는 거리가 멀었다. 네 식구가 식탁에 앉아 밥을 같이 먹은 기억은 손에 꼽는다. 부모님은 돈 문제로 자주 다투었다. 아버지가 저녁 늦게까지 들어오지 않으면 '새벽에 또 한바탕 소란이 나겠구나.' 하며 긴장했다. 혼자 있기 무서워 누나 방에 들어갔다. 일곱 살이 많은 누나는 말없이 자리를 내주었다. 누나와 함께 누워 밖에서 나는 소리에 귀를 기울였다. 아버지가 우리에게까지 화를 낸 적은 없었다. 하지만 시간이 지날수록 마음 한구석에는 불안이 자라나고 있었다. 어느 날 아침엔 일어났더니 집 벽에 움푹 팬 자국이 있었다. 누나에게 이야기를 들어보니 지난밤, 아버지가 화를 참지 못해 컵을 던졌다고 했다. 아버지는 기억을 못 하는 듯했다. 어린 나는 그런 아버지가 미웠다.

맞벌이 가정이었기에 나에게 밥을 챙겨 줄 사람이 없었다. 그래서 급식이라도 챙겨 먹으라며 초등학교에 남들보다 한 살 빠르게 입학했다. 학교에는 생일이 빨라 나처럼 한 살 먼저 입학한 친구들이 있었다. 하지만 나는 8월생이었다. 나보다 손가락 하나만큼 큰 친구들을 보면 왠지 모르게 주눅이 들었다. 한동안은 적응하지 못해 힘들었던 기억이 난다.

학교가 끝난 후에는 곧장 학원으로 갔다. 태권도, 국어, 수학, 피아노 등 안 다닌 학원이 없었다. 집에 돌아오면 고등학생인 누나는 야간 자율 학습을 하느라 없었다. 부모님은 일을 마치고 늦게야 들어왔다. 나는 불 꺼진 집에 들어와 대충 밥을 차려 먹었다. TV를 보다가 졸음이 쏟아지면 가족들이 하나둘 집에 들어왔다. 어느 날 어머니께서 강아지 한 마리를 데리고 왔다. 꼬리를 살랑살랑 흔들던 모습이 귀여웠다. 하지만 그보다 좋았던 것은 이제 집에 혼자가 아니라는 사실이었다.

내가 부러웠던 건 '가정의 온기'였다

부모님은 항상 경제적인 문제가 있었다. 하지만 용돈도 넉넉히 받았고, 내가 하고 싶은 것은 다 하게 해 주었다. 킥보드, 휠릭스, 미니 오락기 등 당시 유행하는 것들은 다 있었다. 그 이유에서인지 지금도 몇 친구들은 우리 집이 부유한 줄 안다. 나는 굳이 그런 오해를 풀고 싶진 않아서 그냥 두었다.

초등학생 시절, 친구 집에 놀러 가면 늘 따뜻하게 맞아 주는 부모님이 있었다. 우리를 보곤 흐뭇하게 웃으며 대화하는 모습이 참 보기 좋았다. 그런 가정에서 자란 친구들은 조금만 이야기를 나눠 봐도 티가 났다. 난 그런 친구들이 부러웠다.

"나도 이제 다 컸으니까, 엄마랑 아빠 그냥 이혼해."

고등학교 시절, 부모님께 이야기했다. 이혼한다고 해서 영영 못 보는 것도 아니었다. 지금도 딱히 자주 보는 것은 아니었기에 상관없겠다고 생각했다. 하지만 그럴 때마다 "네가 있는데 어떻게 그래."라며 대화를 피하곤 했다. 만약 그때 부모님이 이혼했다면 내가 지금처럼 자랄 수 있었을까? 아마도 그러지 못했을 것이다. 지금 돌이켜 생각해 보면 저 말이 부모님께 큰 상처가 됐을 것 같아 죄송한 마음이다.

아버지를 이해하게 된 시간

스무 살이 되어 아버지와 처음 술자리를 가졌다. 그날 처음으로 집안 이야기를 들었다. 어머니가 사업에 실패하고, 부동산 문제까지 겹치며 큰 빚을 지게 되었다고 했다. 월급은 이자에 다 쓰여 남는 게 없었다. 그 무렵부터 가족의 관계가 걷잡을 수 없이 틀어졌다고 했다.

아버지는 조용히 지난날을 회상했다. 그리고 좋지 못한 모습을 보여 준 것을 사과했다. 그날 처음으로 아버지를 안아 봤다. 항상 크게만 보이던 아버지였는데, 이제는 내가 더 컸다. 왠지 모르게 야윈 모습이 마음이 아팠다. 그날 이후로 아버지가 술을 마시고 들어오면 조용히 가서 안아 드렸다. 그리고 방으로 모셔다 드렸다. 그러면 화가 잔뜩 나서 들어온 아버지도 방으로 들어가셨다. 아버지에게 필요했던 건 돈이 아니라 위로였다는 것을 그제야 알았다.

아버지와 관계는 급속도로 가까워졌다. 이제는 둘이 차에 있어도 전혀 어색하지 않았다. 군대를 다녀오니 할 이야기가 더 많아졌다. 아버지가 말이 많은 분이었다는 걸 그때 처음 알았다. 그동안 이렇게 시시콜콜한 대화조차 할 수 있는 가족이 없었으니, 그동안 얼마나 외로웠을까 싶었다. 우리 가족의 형편은 그대로였지만 마음만은 달라지고 있었다.

이제는 내가 버팀목이 될 차례

할아버지가 돌아가신 날, 장례식장으로 향하던 길이었다.
"나도 이제 고아네."
아버지가 덤덤하게 이야기했다. 그 말을 들으니 '아버지도 아버지이기 전에, 나처럼 누군가의 아들이었구나'라는 생각이 들었다. 그래서 더욱 마음이 아팠다. 이런 상황에서도 울음을 참으며 묵묵히 있는 모습이 멋있었고, 안타까웠다. 그때 처음, 이제는 내가 부모님이 기댈 수 있는 버팀목이 되어야겠다고 생각했다.

시간이 흘러 나도 이제 아빠가 되었다. 자식은 부모의 뒷모습을 보며 자란다는 말을 믿고 있다. 그래서 부끄럽게 살지 않으려 한다. 돌이켜 보니, 나도 나름 잘 자란 것 같다. 그건 부모님이 힘든 시기를 끝까지 버텨 주었기 때문이다. 최선을 다해 사랑으로 길러 주었고, 늘 우리를 먼저 생각해 주었다. 지금은 우리 가족에게도 화목이 찾아왔다. 이제는 할머니, 할아버지가 된 부모님 집에 가면 웃음소리가 가득하다. 손주들이 뛰어노는 북적한 풍경도 어느새 익숙해졌다.

아직도 빚이 남아 있다고 들었다. 하지만 부모님은 여전히 나에게 돈 이야기는 거의 꺼내지 않는다. 일흔이 가까운 나이에도 일을 놓지 않고 있다. 정말 성실하게, 한순간도 허투루 살지 않았다는 걸 다시금 느끼게 된다.

어렸을 적에는 밉고, 원망도 했던 부모님이었다. 하지만 시간이 지나 돌아보니 그때는 이해되지 않았던 많은 일들이 이해되기 시작했다. 한편으로는 내가 더 일찍 다가가지 못한 게 후회가 된다. 지금도 여전히 낯간지러운 표현은 서툴지만, 이 글을 빌려 꼭 전하고 싶다. 잘 키워 주셔서 정말 감사하고, 진심으로 사랑한다고. 이제는 나도 그 마음을 그대로 이어 가며 살겠다.

> **인사이동 TIP**
>
> 시간이 지나면 상처는 아물고 마음도 한층 단단해진다는 걸 느꼈습니다. 그래서 지금의 어려움 역시 조급해하지 않고 묵묵히 견뎌 내 보려 합니다.

다시 만날 수 있다면

최고은

외할머니의 사랑

나는 외할머니의 첫 손녀다. 대학 수험 생활과 취업 준비 기간 모두 외할머니의 보살핌을 받고 지냈다. 고등학교 3학년 때는 수능 공부를 핑계로 명절에 가지 않았다. 하루 인사드리러 가고 안 가고는 크게 영향이 없다는 것은 알았다. 수능과 취업에 한 번씩 고비가 있었지만, 결국에 해냈다. 외할머니한테 소식을 전하니 함께 기뻐했다. 외할머니가 다니던 절에 매해 가족 등을 달았다는 걸 나중에 알았다. 넉넉하지 않은 살림이었지만 외할머니는 우리를 계속 챙겼다. 형편이 어렵다고 내색하지 않으며, 명절마다 나와 동생에게 용돈을 줬다.

받기만 할 땐 얼마나 소중한 것인지 몰랐다. 두 달에 한 번 안부 전화도 의무감에 했다. 대학생 때 친구 만나러 갔다가 근처였던 외할머니 집에 잠깐 들렀다. 간다고 했으니, 외할머니는 손녀가 몇 시쯤 올지 계속 기다렸을 것이다. 냉장고에서 반찬들을 가득 챙기고 지하철역까지 무거운 짐을 같이 들어 줬다. '외할머니 체구가 이렇게 작았나? 외할머니는 저렇게 작고 마른데도 항상 대중교통으로 멀리까지 장을 보러 다니시는구나!' 외할머니의 알뜰함과 딸, 손녀에 대한 사랑을 느꼈다.

다음이 있으니까

한창 놀기 좋아했던 30대 초반, 남미 여행을 가고 싶었다. 지금이 아니면 못 갈 수도 있다고 생각해서 설 연휴를 포함해 부모님 몰래 여행을 준비했다. 출국하기 얼마 전, 남미 여행을 간다고 부모님한테 말하니 위험한 지역으로 간다며 걱정했다.

"명절도 있는데? 이번에도 혼자 가는 건 아니지?"

부모님의 반응은 어느 정도 예상했다. 여행 다녀오자마자 주말에 외할머니 보러 가기로 엄마와 약속했고, 여행을 기다렸다.

그러던 중 갑자기 외할아버지가 돌아가셨다. 실감이 나지 않는 장례식을 치르며 눈물이 났다. 이후, 근처에서 외할머니를 돌볼 가족이 없다는 문제가 있었다. 그저 전화로 잘 지내는지 연락하는 방법밖에 없었다. 외할머니는 살림과 요리를 하니 매일 같이 들여다보고 챙기는 게 아니라 그나마 다행이었다. 나도 외할머니가 생각날 때 한두 번 전화할 뿐이었다. 괜찮을 거라 생각하고 챙기지 않았다.

드디어 남미 여행. 명절엔 외할머니 생각으로 마음이 무거웠다. 한 달 동안 좋은 사람들을 만났고, 무사히 귀국했다. 다가오는 주말에 엄마랑 외할머니 보러 가자는 약속을 상기했다. 외할아버지를 보낸 지 두 달도 채 안 됐기에 혼자 남은 외할머니가 걱정됐다.

마지막은 언제일지 모른다

평소 잘 먹지 못하던 외할머니는 위가 좋지 않아 입원했다. 며칠 만에 급격히 위독해져서 돌아가시고 말았다. 우리는 2개월 만에 두 번의 장례를 치렀다. '엄마랑 보러 가자고 약속했는데 조금만 더 기다려 주시지 왜 그냥 가셨나요? 저 여행 잘 다녀왔다고, 앞으로 명절 땐 잘 올 거라고 얘기하려 했는데….' 장의사가 예쁘게 단장해 준 외할머니는 편안해 보였다. 외할머니가 첫 손녀인 나를 얼마나 생각했는지 알아서 많이도 울었다. 내가 그걸 알 정도로 외할머니는 헤아릴 수 없는 사랑을 주셨다.

벌써 10년 가까이 된 일이다. 더 이상 외할머니한테 나의 마음을 전할 수 없다. 외할머니와 함께할 수 있던 마지막 명절인데, 여행 가느라 소중한 기회를 날렸다. 당연할 줄 알았던 내일이 당연하지 않다는 것을 그 일을 겪고서야 깨달았다. 누군가에게 다음을 약속하기 전에는 신중해야 하고, 지킬 수 있는 걸 말해야겠다고 다짐했다. 주변 사람들과 함께할 시간은 영원하지 않다.

인생의 큰일을 치를 때마다 외할머니가 생각난다. 내가 결혼하는 모습을 봤다면 외할머니는 얼마나 좋아했을지 상상했다. 신랑이랑 같이 외할머니한테 갔으면 뭐라고 말했을까? 아이와 함께 외할머니한테 인사하러 갔으면 예쁘다며 안아 주고, 업어 줬을까? 아이였던 엄마가 손녀를 낳고, 그 손녀가 아이를 낳았으니 좋아했겠지?

'외할머니, 외할아버지 만나서 잘 지내죠? 저는 잘 지내고 있어요. 여행 가느라 설날에 못 가서 죄송해요. 이렇게 외할머니를 보낼 줄 알았으면 여행을 미뤘을 거예요. 저는 다정한 사람 만나서 예쁘게 연애하고 결혼했어요. 요즘 사랑한다는 말을 많이 들어요. 아기도 낳았는데 얼마나 애교가 많은지 몰라요. 외할머니가 직접 봤으면 예쁘고 야무지다고 했을 거예요. 뽀얀 피부가 신랑을 많이 닮았어요. 우는 모습을 보면 제가 어렸을 때 보는 것 같아요. 외할머니, 많이 보고 싶어요. 지금처럼 서로 아껴 주며 잘 살 테니 지켜봐 주세요!'

관계에도 투자가 필요하다

하고 싶은 대로 살다 보니 생각나는 사람이 있어도 우선순위에서 밀렸다. 때때로 친구들과 언제 밥 먹자, 언제 보자고 이야기하다 못 만나는 경우가 있었다. 이젠 커피 한잔이라도 좋으니 만날 수 있는 거리에 사는 사람들은 만난다. 멀어서 만나기 어려운 사람이라면 생일이나 명절에 인사차 연락한다. 일이 있어서 가다가 그 근처에 사는 사람이 있을 땐 이동하면서라도 연락해 본다. 정말 우연히 시간이 맞으면 갑작스러운 만남이 성사되기도 한다.

🍬 인사이동 TIP 🍬

보고 싶은 사람이 있다면 만나러 갑니다. 시간은 기다려 주지 않더라고요.

마음의 깊이가 다른 관계

최샐리

낯설고 버거웠던 첫 직장 생활의 성장통

스물세 살, 어린 나이에 처음 사회에 발을 들였다. 아무것도 모르는 철없는 신입이었지만, 열정만큼은 누구보다 가득했던 시절이었다. 당시 우리 팀에는 50여 명의 선배가 있었다. 그중 여자 선배는 단 두 명이었다. 은영 선배는 입사 후 5년 동안 유일한 여자 직원이었다. 외롭고 지루한 시간이었는데, 나보다 한 해 먼저 입사한 미진 선배가 들어왔을 때 정말 반가웠다고 했다. 은영 선배는 미진 선배를 '최애 후배'로 삼았다. 둘은 늘 붙어 지냈다.

그로부터 1년 뒤, 내가 입사했다. 그날부터 나의 직장 '시집살이'는 시작되었다. 업무를 배우는 것도, 수십 명의 남자 선배들과 어울리는 것도 그다지 어렵지 않았다. 다만, 미진 선배만이 늘 다른 선배들이 보지 않는 틈을 타 나를 교묘하게 괴롭혔다. 그녀는 나보다 두 살 많았고, 타고난 질투심이 많은 사람이었다. 지금 돌이켜 보면, 내가 오기 전까지 그녀는 막내로서 온갖 사랑과 관심을 한 몸에 받았을 것이다. 그런데 내가 들어오자 선배들의 시선이 자연스레 내게로 향했고, 그 변화가 아마도 그녀에게 못내 서운했을지 모른다. 그 시절에는 나는 매일 울며 회사를 그만둘지 고민했었다. 당시에는 너무 힘들었다. 하지만 지금에 와서 생각해 보면 미진 선배 역시 20대의 미혼 여성이었고, 자신이 누리던 주목받는 자리를 나누게 된 상황이었을 것이다. 이제야 조금은 그녀의 마음을 이해할 수 있을 것 같다.

나와 같은 편을 만나다

어느 날, 여자 후배가 한 명 들어왔다. 그사이 은영 선배는 희망퇴직으로 회사를 떠났다. 여직원은 다시 미진 선배와 나 그리고 새로 입사한 후배 경희, 이렇게 셋이 되었다. 경희가 들어오니 미진 선배의 태도가 달라졌다. 나에게 시기와 괴롭힘을 일삼던 그녀가 갑자기 따뜻한 말투로 나를 대했다. 점심도 함께하자고 했다. 그녀의 미움 대상이 이제는 경희에게로 옮겨 갔다. 처음엔 경희가 겪는 힘든 시간을 모른 척했다. '나도 그렇게 견뎠는데, 너도 버텨야지.' 혹은 '지금 내가 편하면 된 거 아닌가?'라는 이기적인 마음이 들었다. 어느 날, 화장실에서 나오는 경희의 얼굴을 보니 눈이 퉁퉁 부어 있었다. 직감적으로 알 수 있었다. 미진 선배가 나에게 했던 못된 행동들을 이제 경희에게 하고 있다는 걸. 아무것도 묻지 않았다. 대신 이렇게 말했다.

"경희야! 오늘부터 내가 너한테 잘해 줄게."

그날부터 우리는 선후배가 아닌 언니와 동생이 되었다. 둘이 끈끈하게 붙어 다니자, 미진 선배는 더 이상 우리를 괴롭히지 못했다. 몇 해 뒤, 미진 선배는 건강상 이유로 자진 퇴사 했다. 그 후, 경희와 나의 평화로운 날이 지속되었다. 아주 오랜 기간 우리는 동료 이상의 관계로 지냈다.

어긋난 마음의 저울

경희와의 관계에서 딱 하나 불편한 점이 있었다. 바로 그녀의 '오지랖'. 나는 비교적 좁은 관계망 안에서 조용히 지내는 스타일이었다면, 경희는 사방팔방으로 언니, 동생을 만들며 사람들과 관계 맺기를 좋아했다. 경희는 내가 아끼는 후배였고, 어려운 시기를 함께 보냈기에, 항상 그녀의 고민을 들어 주고 도와주려고 노력했다. 내가 먼저 가 본 길을 그녀가 따라올 때면 선배로서 책임감도 느꼈다. 그게 내 역할이었다. 그렇게 20년을 보냈다. 그녀의 활발하고 오지랖 넓은 성격은 가끔은 불편했었지만, 직접적으로 나에게 피해를 준 건 아니었다. 그냥 넘길 수 있었다. 시간이 지나다 보니, 나에 대한 배려보다 다른 사람을 향한 관심과 애정이 더 커진 듯한 모습에 서운함이 조금씩 쌓였다. 섬세한 나는 그녀의 무심한 태도가 때때로 거슬렸다.

내가 승진한 날, 경희는 "축하해요!"라는 짧은 문자를 보내 왔다.

축하 문자는 아주 고마웠고 좋았다. 하지만, 문제는 SNS였다. 나보다 가까운 사이가 아니라고 생각했던 다른 사람의 SNS에 경희가 직접 만든 승진 케이크를 받았다는 게시 글이 올라왔다. 하루는 다른 팀 후배와 세 명이 식사 약속을 잡기로 했다. 며칠 후 경희에게서 "그럼 이따가 점심에 만나요."라는 메시지를 받았다. 나는 그날이 약속된 날인 줄 전혀 몰랐다. 당황스러워 경희에게 되물었다. 경희는 내게 날짜를 알리는 걸 깜빡했다고 했다. 지금 생각하면 별일 아닐 수 있다. 하지만 그날, 그녀의 무심함은 그동안 쌓여 있던 나의 서운함을 터뜨렸다. 결국 그 일을 계기로 나는 경희와 마음 정리를 했다. 단지 약속을 깜빡한 한 번의 일이 아니다. 내가 경희를 생각하는 마음의 깊이만큼 그녀가 나를 배려하지 않는다는 느낌이 관계를 끝낼 만큼 깊은 상처로 남았던 것 같다.

좋은 관계의 다른 의미

나는 믿는다. 좋은 관계란, 서로 생각하는 마음의 깊이가 비슷할 때 비로소 오래 지속될 수 있다. 한쪽 마음이 너무 깊어도, 반대로 너무 얕아도 균형이 결국 무너진다. 경희와 나의 인연도 아마 그런 이유로 멀어졌을 것이다. 그렇다고 마음의 깊이가 다르다는 사실로 상처받을 이유는 없다. 서로가 다름을 인정하고 받아들일 때, 오히려 그 차이 속에서 새로운 방식의 좋은 관계가 시작될 수 있기 때문이다.

나의 최애 후배, 경희에게

지금도 가끔 회사 로비나 엘리베이터에서 경희를 만난다. 예전 미진 선배에게 함께 맞서던 전우애로 똘똘 뭉쳤던 우리 사이가 이제는 어색한 눈인사로 그친다. 오해를 풀 수 있는 기회도 있었지만, 굳이 이야기를 꺼내며 회복할 만큼의 것도 아닐지도 모른다고 생각했다. 몇 년이 지난 지금은 안다. 사실 그때 그 사건은 아무 일도 아니었다는 걸. 그저 서로가 서로에게 바라는 기대치, 감정의 깊이가 달랐을 뿐이었다. 더 이상 경희에게 서운함도, 미안함도 없다. 그녀가 내 도움이 없이도 한 사람의 사회인으로 멋지게 성장했기 때문이다.

> "항상 고민이 생기면 쪼르르 달려와 '선배~' 하던 나의 영원한 후배 경희야!
> 우리 사이가 예전으로 돌아갈 수 없고, 마음도 그때와 같지 않지만, 우리의 어릴 적 추억이 너와 나의 마음이 그대로 있음에 감사한다. 네 덕분에 좋은 관계의 다른 의미를 알게 되어 더욱 고맙다!
> 누가 뭐래도 너는, 내 최애 후배란다."

🧿 인사이동 TIP 🧿

마음의 깊이가 달라도 상처받지 않아요. 서로의 다름을 인정하는 건 성숙한 관계의 시작이니까요.

그래도 되는 사람은 없다

최민욱

오늘, 이사를 한다. 서울에 집을 사고 싶었지만 5억이 넘게 올라 버린 집값, 아이들 학교 문제 등 이런저런 사정 때문에 결국 같은 단지에 월세 계약을 했다.

이사 하루를 앞두고 아내와 함께 이사 갈 집을 청소했다. 입주 청소를 맡기기엔 집이 깨끗하기도 했고, 다른 집을 곧 살 계획이라 돈도 아껴야 했다. 어차피 나도 남은 휴가가 많아 오후 반차를 냈다.

가족 안에서 내 자리는 어디인가

깨끗해 보였는데, 청소할 게 이렇게 많을 줄 몰랐다. 청소하는 동안 아내가 가구 배치를 어떻게 할 건지 말해 준다. 듣다 보니 '어? 내 자리는 전혀 없네?' 하는 생각이 든다. 이사하면 아이들에게 방을 하나씩 주겠다고 했던 건 기억이 난다. 아내는 내가 매일

미라클 모닝과 독서, 글쓰기를 하는 걸 알고 있다. 그래서 집 안 어딘가에 자리를 마련해 주겠다고 들은 기억이 어렴풋이 있다. 그런데 아무리 봐도 아이들 방 둘을 주고 나면 내가 있을 곳은 없어 보인다. 결국 아내에게 내 자리는 어디에 있냐고 물었다.

"내가 예전부터 애들 방 줘야 한다고 몇 번 이야기했잖아요. 안방에서 스탠드 켜고 하면 안 돼요?"
"……."

조그만 공간이라도 있는 줄 알았다. 가장으로서 좀 더 잘살아 보려고 새벽부터 독서하고 글 쓰며 치열하게 살아 내고 있는데, 그 공간마저 없어지다니….

청소를 마치고 집에 돌아오는 길. 생각이 많아진다. 나는 집에서 어떤 존재였나. 마흔 후반으로 넘어가며 회사에서도 존재감이 사라지는 것 같다. 집에서는 아이들한테 말을 걸고 장난을 치려 해도 아들들은 짜증만 내니 마음이 좋지 않다. '서른 평 집에서 두세 평 남짓, 내 공간도 못 가지는 사람인 건가? 나는 뭐 하는 사람이지? 난 뭘 잘못한 거지? 그냥 돈 벌어 오는 사람인 건가?'

방에 들어와 한번 둘러보니 '아, 이제 이 서재도 오늘이 마지막이구나.'라는 생각이 든다.

첫째가 방에 찾아온다. 내 고민을 전혀 모르는 아들놈은 내일 이사 도와주러 오시는 분들 간식과 음료수를 사러 가야 한다고 한다. 아들에 이끌려 집 앞 마트에 간다. 1+1이라고 되어 있는 음료수 열댓 개를 사서 집에 왔다. 안방에서 심각하게 있는 아내에게 힘없는 말투로 소심하게 말을 건넨다. 음료수 사 왔다고, 간식은 얼마 전에 사 놓은 성심당 빵을 드리면 될 것 같다고.

감정형인 아내와 나는 가끔 투닥거린다. 한 번도 큰소리를 낸 적 없이 감정 다툼이 대부분이다. 그럴 때면 수일 동안 말을 하지 않을 때도 있다. 결혼 생활 18년 차, 남편으로서 터득한 노하우는 '빠른 시간 내에 말 걸기'다. 그래서 일부러 힘 빠진 말투-나 삐쳤냐고-로 사소한 걸로 말을 거는 '기술'을 시전 한다. 그렇게 말하고 서재에 들어오니 이내 아내가 이야기 좀 하자고 한다. 사실 아내도 내가 뭐에 기분이 별로 안 좋은지 알았을 거다. 그렇게 우리만의 해결책을 찾아간다.

중년의 아저씨가 자존감을 다시 찾는 법

마흔 후반의 중년이 될 때까지 집보다는 외부 활동 비중이 컸다. 어느샌가 두 아들은 엄마 편이다. 회사에서는 위에서 내리누르고, 아래에서 치고 올라온다. 그 사이에서 두각을 나타내지 못하면 불안하고 위태롭다는 생각이 든다. 그런 상태에서 어제처럼 '존재감이 위협당하는' 상황을 겪으면 마음이 많이 무너진다. 자존감도 상실된다.

무너진 자존감을 회복하는 나만의 방법을 정리해 본다.
첫째, 집중할 수 있는 일을 찾는다. 다행히 요즘 난 글쓰기, 책

쓰기에 집중하고 있다. 현재뿐 아니라 미래의 나를 위한 일이어야 집중이 된다. 목적이 명확한 일을 해야 회복할 힘이 생긴다. 그리고 글을 쓰다 보면 미처 돌보지 못했던 나의 마음이나 상대방의 의도를 알게 되기도 한다.

둘째, 아내와 대화의 물꼬를 트는 기술이 있다. 존재감에 상처받는 경우는 대개 회사보다는 집이다. 항상 내 편이라고 생각한 배우자에게 생각지 못한 한 대를 맞게 되면 '나는 뭐 하는 사람이지?'라는 생각이 든다. 그 답을 찾지 못하고 존재의 의미를 잊어버릴 때, 번아웃은 확 찾아오기도 한다. 아내는 언제나 날 위해 기도하는 사람이니까 의도하지 않았을 거다. 그래서 사소한 걸로 대화를 시작하는 나만의 기술이 필요하다. '나 감정이 다쳤어요'라고 힘 빼고 말을 거는 나의 소심한 행동처럼.

셋째, 내가 서운했던 걸 정확히 이야기한다. 우리 부부처럼 두 사람 모두 감정형이면 '분위기 풀렸으니, 문제가 해결됐네.'라고 착각하는 경우가 많다. 아내가 "이야기 좀 해요."라고 말을 걸어오면 '이제 다 풀렸네.'라고 생각한다. 그래서 정작 원인은 덮어 두고, 다른 이야기를 하며 웃으며 넘어간다. 그러면 다음에 똑같은 문제가 발생할 여지가 다분하다. 감정만 사그라든 거지 문제는 해결이 되지 않았으니까. 불편해지고 싶지 않아서일 거다. 기껏 조성된 화해의 분위기를 깨고 싶지 않아서.

'내 존재감이 없어진 것 같아서 마음이 불편했다.'라고 정확히 말하고 아내의 이야기를 들었다. 덕분에 오해를 풀고 서로를 배려하는 마음이 다르지 않음을 확인했다.

방조하지 말자

존재감으로 마음이 아프다면 한번 돌아볼 필요가 있다. 항상 '괜찮아!'라고만 이야기하시 않았는지. 말하지 않아도 알아줄 거라고 생각했던 기대와 다르게 상대방은 진짜 당신이 괜찮다고 생각할 수 있다. 서운하고 아쉬운 마음을 표현해야 나의 마음을 제대로 알아준다. 스스로 소중히 하지 않으면 그 누구도 나를 소중히 여기지 않는다. 양보만 계속하다가 '항상 그래도 되는 사람'으로 인식되는 건 두려워해야 할 필요가 있다.

가정에서 겪는 존재감의 위기는 단순히 개인적인 문제가 아닐 수 있다. 중년 남성들이 겪을 수 있는 현실이다. 내 자리를 되찾기 위해서는 자신만의 목적 있는 일에 집중하고, 배우자와의 소통 방법을 터득하며, 감정을 정확히 표현하는 것이 중요하다. 무엇보다 '괜찮다'라고만 하며 자신의 감정을 방조하지 말고, 가족 안에서도 자신의 자리와 존재감을 당당히 드러낸다.
양보만 하는 사람으로 인식되지 않도록 내가 먼저 나를 소중히 하는 건 기본값.

Epilogue. 결국 아내는 나의 '소심한 투쟁'에 방을 다시 만들어 줬다.

> 🔖 **인사이동 TIP** 🔖
>
> 오해와 이해는 대화로 풀립니다. 양보하는 게 당연한 것처럼 인식되어 속상할 때면, 그냥 넘기지 마세요. 힘 빠진 말투로 "나 삐쳤어.", "차 한 잔해요."라는 말로 대화를 시작하세요.

제 2 장

다르게 보게 된 사람

모지리 명장의 증명

김경서

다시 본 사람, 모지리 박지영

여고 동창 모임에서 그녀를 만났다. 뽀글뽀글한 파마머리, 앞굽이 뾰족한 구두, 분위기를 멀찍이서 바라보는 조용한 눈빛. 내 추억 속에 없던 얼굴이었다. 그저 새로 들어온 동창이라 생각했다. 들뜬 대화가 오가던 자리, 그녀의 목소리가 불쑥 내 귀를 붙잡았다.

"나, 항암 서른여덟 번 한 사람이야."

공기가 순간 얼었다. 웃음은 끊기고 말은 멈췄다. 위협적인 숫자가 방 안의 소음을 거두어 갔다. 숨을 고르고, 그녀를 바라봤다. 낯설던 이름이 순간 강렬한 존재로 '다시 보기'가 시작됐다.

대한민국 1호, 여성 공예 명장. 그녀의 타이틀이다. 그녀는 도자기 외에는 몰랐다. 세상의 다른 길을 알지 못했고, 흙만 붙잡아 살아 냈다. 그런 자신을 '모지리'라 말한다. 시작은 소박했다. 자신이 빚은 그릇에 밥과 국을 담고, 구운 생선을 올려 가족과 나누는 기쁨에 가슴이 부풀어 올랐다고. 그녀의 뿌듯함은 욕망으로, 욕망이 몰입으로 깊어졌다. 물레 위에서 흙이 돈다. 손끝은 흙의 온도와 무게를 따라간다. 미묘한 진동이 손바닥에 번지고, 머릿속 소란이 서서히 가라앉는다. 그녀는 알았다. '나는 이 길을 계속 가겠구나.' 흙은 단순한 재료가 아니었다. 그녀를 몰입의 세계로 인도하는 통로였다.

버팀을 넘어 증명으로

도예의 세계는 여성을 배제했다. 화덕 앞에 여자가 서면 불이 약해진다는 통념을 남성 도예가들은 대놓고 투영했다. 힘과 크기 앞에서 섬세함은 무시당했다. 그녀는 좌절하지도 멈추지도 않았다. 더 힘껏 무거운 흙을 들고, 더 오래 물레 앞에 앉았다. 더 정교한 조각으로 작품에 몰입했다.

"시간이 지나야 보이는 것이 있죠. 묵묵히 시간을 건너다 보면 인정을 거머쥐는 때가 옵니다."

그녀의 미소 짓는 입꼬리가 단단했다. 오래 쌓인 고독과 자부심도 입꼬리에 걸려 있었다.

그녀는 일찍이 좌절을 경험했다. 고등학생 시절, 공영방송국 악단 오디션에 합격했으나 교장은 허락하지 않았다. 학생의 재능보다 책임이 두려워 가로막았다. 꿈꾸던 무대가 허공으로 사라지던 순간을 또렷이 기억한다. 그때, 그녀를 아끼던 선생님은 단단한 좌표를 찍어 주셨다.

"지영아, 커서 네 이름을 갖고 와라. 그게 복수다."

그 말은 오랫동안 그녀 안에 내려앉은 닻이 되었다. 거친 풍랑이 몰아쳐도 흔들림을 잡아 준 무게였다. 명장을 향한 길에서 기댄 것도, 끝내 붙든 것도 선생님의 말씀이었다. 마침내 그녀는 여성 공예 명장 1호가 되어 선생님 앞에 섰다. 큰절을 올리고 오래 빚은 이름을 건넸다. 그녀는 버틴 사람이 아니다. 세상의 거절에 자신을 증명한 사람이다.

항암 주사를 맞고 나오면 온몸이 휘청거렸다. 입안이 헐고 손끝이 저렸지만, 그녀는 곧장 작업실로 향했다. 구역질이 올라와도 의자에 앉아 물레를 돌리며 흙을 붙잡았다. 흙냄새와 차가운 감촉이 정신을 붙들었다. 하루하루 무너져 가는 몸과 달리, 손끝의 그릇들은 또렷하게 모양을 갖추었다. 흙은 그녀를 속이지 않았다. 힘주면 힘만큼, 기다리면 기다린 만큼 결과가 남았다. 사람들은 그녀를 두고 힘든 시간을 버텼다 말하지만, 나는 안다. 그녀는 버틴 게 아니라 흙으로 자신을 증명해 낸 사람이다.

흙이 건넌 시간, 생각이 빚은 얼굴

암이라는 긴 터널 속에서 흙은 그녀에게 유일한 출구였다. 물레 위의 시간은 단순했다. 반복은 고통을 잊게 했다. 결과물은 무너진 몸을 일으켜 세웠다. 흙은 그녀의 마음을 다독였고, 존재를 증명하는 언어가 되었다. 그녀의 도자기는 단순한 그릇이 아니다. 살아 있는 기록이다. 그 기록을 품은 대표작이 바로 '청화백자 백팔번뇌'다. 달항아리 안에는 백여덟 마리의 참새가 새겨져 있다. 그녀는 얼굴 대신 생각을 새겼다.

"참새 하나하나가 내 생각이에요. 내 생각이 작품이고, 작품이 곧 나죠."

참새는 그녀의 기쁨, 분노, 체념, 환희였다. 감정의 조각들이 모여 자아가 되었고, 자아는 다시 작품이 되었다.

투병 후 그녀는 달라졌다. 흙을 빚던 마음으로 사람을 품기 시작했다. 지금은 덤으로 얻은 선물 같은 시간을 산다는 그녀. 가르치고, 나누며 베푸는 일이 그녀의 삶을 지탱하는 가치가 되었다. 그녀의 작품에는 온기가 배어 있다. 단순한 선과 면의 조화가 아니라 사람의 숨결, 그 안에 깃든 이야기가 함께 숨 쉰다. 그녀가 살아낸 삶에 대한 열정은 여전히 흙 위에서 뜨겁게 이어지고 있다. 어제로 돌아가고 싶지 않다는 박지영. 오늘을 살아 내일을 증명하고 싶다고 말한다. 과거는 이미 작품 속에 깃들어 있다. 미래는 오늘의 정성으로 빚는다. 뜨겁게 굽는다. 오늘을 증명하기 위해.

버틸 것인가, 증명할 것인가

여전히 그녀는 자신을 '모지리'라 부른다. 겸허한 농담이다. 모지리의 손끝에서 태어난 그릇은 누군가의 거실에 놓인다. 식탁 위에도 두 손 위에도 놓인다. 그녀의 손끝에서 빚어진 흙은 흠 없는 기술보다 살아 있는 숨결을 담았다. 예술보다 인간다움을 품었다. 삶은 버티는 일이 아니다. 증명하는 일이다. 버팀은 시간이 나를 스쳐 지나가게 두는 일이다. 증명은 내가 시간을 건너는 일이다. 박지영 명장은 흙으로 그 길을 보여 주었다. 서른여덟 번의 항암도 꺾지 못했다. 도예계의 편견도 그녀를 가로막지 못했다. 모든 시간은 증명으로 바뀌었다. 그녀의 길은 묻는다. 버틸 것인가, 증명할 것인가. 박지영, 세상의 거절을 증명으로 보여 준 명장의 이름이다.

🍪 **인사이동 TIP** 🍪

시간은 버티는 대상이 아니라, 내가 다스려야 할 자원입니다.

인정 욕구와 적대감

김수인

부서 이동 및 편견 선입견과의 싸움

소속팀이 해체되면서 구매조직으로 부서 이동을 했다. 사람도, 일도 낯설었다. 다른 조직에서 왔다는 이유로 굴러들어 온 돌 취급을 받았다. 영문학 전공에 관리 업무만 해 왔던 내 이력은 약점으로 여겨졌다. 20여 년 회사 생활로 쌓은 노하우조차 강점이 되지 못했다. 사람들은 자신의 결점은 대수롭지 않게 생각하면서 다른 이의 작은 흠이라도 찾아내려 안달이었다. 그들 사이에서 내가 할 수 있는 것은 내 약점을 보완하고 발전시키는 것이었다. 과거는 아름다운 기억일 뿐, 이전의 성과는 무의미했다. 참고 견디며 내 가치와 역량을 다시 증명해야만 했다.

새 팀장이 부임했다. 내 업무도 조정이 있었다. 신임 팀장은 입사 초부터 알던 사이다. 나처럼 타 관리조직에서 근무하다 구매팀장 보직을 맡았다. 내가 느낀 것처럼 팀장 역시 업무도, 사람도 낯설다. 동병상련의 마음으로 팀장을 잘 보필하고 싶었다. 같은 팀이 되기 전에는 적당한 거리에서 서로를 응원했다. 나는 그를 합리적이고 신중한 사람으로 기억했다. 하지만 기억 속 사람과 현실 속 사람 사이엔 간극이 존재한다. 팀장을 다시 알아 가는 과정은 예상치 못한 문제가 있었다.

불합리한 인사평가와 어리석은 항의 행동들

새 팀장이 부임해 오자마자 인사평가가 있었다. 평가 기간과 인사 명령이 겹치면서 실제 업무는 이전 팀장과 했으나, 평가는 신임 팀장이 했다. 신임 팀장은 팀원들의 업무 성과를 정확히 알지 못한 채 주변 사람들의 말 몇 마디를 전해 듣고 평가를 했다. 내 인사 고과가 평균 이하로 나왔다. 인정할 수 없었다. 이의 신청을 했으나 받아들여지지 않았다. 인사팀에 문의하니 팀장의 결정이라고 했다. 순간 머리가 하얘지고, 손이 바르르 떨렸다. 자존심이 상했고, 내가 무시당하고 있다는 생각이 머릿속을 꽉 채웠다. 감정을 갑자기 드러내는 순간 약자가 된다. 분노가 치밀어도 태도만큼은 온유하게 유지해야 한다. 그러나 나는 어리석은 항의 행동을 하며 내 감정을 날것 그대로 드러냈다.

팀장의 말 한마디, 시선 하나에도 예민해졌다. 회의에서도 말을 아꼈다. 질문에도 친절하게 대답하지 않았다. 최대한 짧게 답하고,

가능하면 말을 섞지 않았다. 꼭 해야 할 말이 있으면 메신저나 이메일로 업무 보고를 했다. 거리는 점점 멀어졌고, 신뢰는 무너졌다. 더 이상 팀장으로 존중하지 않게 되었고, 존재 자체가 불편하고 부담스러웠다. 팀원으로서 옳지 않은 태도라는 것을 알면서도 감정이 받아들여지지 않았다. 나의 태도는 팀장에게도 부담이었을 테다. 대담하면 얻는 게 많지만, 무모하면 잃는 게 더 많다. 평온한 태도를 유시하던 팀장에 비해 나는 누가 봐도 눈치챌 정도로 불친절한 태도와 말투였다. 팀장은 특별히 친절하지도, 불친절하지도 않게 필요한 말만 했다. 평온해 보이는 팀장의 태도가 나를 더 자극했다. 차라리 '왜 그러느냐?' 혼내거나 '오해가 있는 것 같다.'라고 설명해 주기를 원했다. 리더를 잘 만나면 작은 능력도 빛을 볼 수 있지만, 잘못 만나면 큰 능력도 묻힐 수 있다. 리더와의 잘못된 관계로 평판이 나빠지고, 업무 성과도 떨어지는 악순환이 일어났다.

잘못된 원칙 고수 vs 불공정한 순간을 받아들이는 용기

상냥하지 못한 말과 거친 행동으로 팀장 앞에서 항의하는 내 감정 속에는 인정 욕구가 숨어 있었다. 팀장의 결정이 옳고 그름을 떠나 내 기대가 충족되지 않아 부정적 감정으로 반응했다. 내 노력은 반드시 눈에 띄어야 하고, 공정하게 평가받아야 한다는 내면의 신념이 충족되지 못했기 때문이다. 팀장이 나를 인정 안 할 수도 있다는 사실을 받아들이면 마음속 충돌과 번민이 없어졌을 것이다. 나는 인정받을 만한 자격이 있는 사람이라고 내 원칙만을 고집했다. 내 원칙에 오류가 있을 수 있음을 생각하기 싫었다.

시간이 지나자, 조금씩 팀장의 입지가 보였다. 팀장 역시 나와 같은 월급쟁이 회사원이다. 실적 압박에 시달리고 있다. 구성원 간 갈등을 조율하고 수많은 결정을 내려야 하는 위치였다. 조직 속에서 상사도 결국 또 다른 직장인일 뿐이다. 책임만 다르고, 고충은 다르지 않다. 팀장의 결정에도 다 이유가 있었을 것이다. 조직 문화가 바뀌고, 평가 기준이 바뀌고, 모든 것은 바뀌고 있다. 그 와중에 바뀌지 않은 것은 내 고집뿐이었다. 불공정한 순간을 받아들이는 용기가 결국 나를 성장시켰다.

성공이나 실패에 운이 작동하고 있음을 인정하기

성공이나 실패에 운이 작동하고 있음을 인정하는 것은 성공 앞에서 우리를 겸손하게 만들고, 실패 앞에서는 위로를 얻게 해 준다. 과거의 성공 경험이 현재와 미래까지 유효하지 않다. 과거에 우수 고과를 받았다고 해서 현재에도 우수 고과를 받을 수 있다는 보장은 없다. 또한 조직의 평가는 항상 공정할 수 없다. 어느 한 명이 혜택을 받으면 어느 한 명은 혜택을 포기해야 한다. 내가 좀 손해 봤다고 남 탓 하며 자기 위안을 삼으려는 태도는 성장과 발전에 전혀 도움이 되지 않는다.

힘겨워도 유쾌하게 풀어 나가기

어떤 일이든 무겁게 받아들이면 한도 끝도 없다. 일 자체가 어렵거나 쉽거나 좋거나 나쁠 수 있다. 그렇다고 그 일이 마음을 좌지우지하게 두어서는 안 된다. 관계도 마찬가지다. 어렵고 불편한 관계더라도 마음의 여유를 가지고 극복해야 한다. 관계가 조금만 불편하고 어려우면 심각하게 여기고 주저앉아 버리는 때도 있다. 관계를 풀어 가야 할 때 어떤 마음을 갖느냐는 본인의 의지에 달려 있다. 어차피 함께 가야 할 관계라면 유쾌하게 풀어 가는 편이 낫다. 그래야 자기 역량도 충분히 발휘할 수 있다. 억지로 유지하며 불편을 키우면 에너지만 소모될 뿐, 이득이 없다.

고정 관념을 버리고 시선 전환하기

한 사람을 단정하는 순간, 그 사람은 고정 관념 속에 갇힌다. 팀장의 고정 관념에 내가 좋지 않은 팀원으로 갇혀 있듯 내 고정 관념 속에 팀장 또한 나쁜 상사로 가두어 두었다. 팀장이 무심해서 아무 말도 하지 않았던 게 아니라 표현이 서툴러서 그렇다고 생각한다. 아직도 완전히 팀장을 이해한다고는 할 수 없다. 여전히 감정 찌꺼기가 일부 남아 있다. 하지만 이제 단순히 나쁜 상사라고만 보지 않으려고 한다. 사람을 한 방향에서만 바라보면 쉽게 미움의 대상이 된다. 하지만 각도를 틀어 보면 보이지 않던 고충과 이유가 있기 마련이다. 시선의 전환은 나 자신을 이해하는 데에도 도움이 된다. 내가 바라는 인정, 내가 믿는 정의, 내가 감내할 수 없는 부당함, 그 모든 것이 편견과 선입견이 되어 나를 좁고 어두운 세상에 가두고 있음을 알게 된다. 사람을 다르게 보기 시작하면 나도 다르게 살아가기 시작한다. 지금 내 옆에 있는 사람을 다른 시선으로 바라보려고 한다.

인사이동 TIP

정당한 평가를 받지 못해 억울한 마음이 든다면 성공이나 실패에 운이 작동하고 있음을 인정하자.

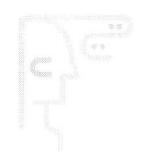

6개월 차 선배

김인경

갑작스럽게 선배가 된 사람

진일은 인간미 넘치는 사람이었다. 하지만 그때는 그를 '권위적이고 까다로운 선배'라는 틀에 가두고 미워했다. 미움은 상대방에 대한 감정이 아니라 나의 편견이었다. 옳다고 믿었던 가치관도 결국 내 위주였다. 이 사실을 깨닫기까지 꽤 오랜 시간이 걸렸다.

신입 사원으로 입사한 지 얼마 안 되었을 때였다. 6개월 먼저 입사한 선배 진일이 나를 계단으로 불러냈다.
"선배님들께 그렇게 하시면 안 되죠. 대학교인 줄 아세요?"
단호하고 엄격한 목소리였다. 동기의 친구라고 들었다. 가까이 지낼 수 있으리라고 생각했다. 선배이긴 하지만 상하관계를 강조해서 멀어졌다. 그에게 권위적인 사람이라는 딱지를 붙였다. 나는 평등을 추구하는 사람이고, 저 사람은 권위주의자라고 확신했다. 개

인주의 문화를 따랐다. 한국 사회의 위계질서를 좋아하지 않았다. 이런 관점이 진보적이고 옳다고 믿었다. 내 경험이 세상 전부인 줄 알았다. 나만 옳다고 믿는 순간, 상대방은 틀린 사람이 되었다.

진일이 다른 선배들과 격의 없이 지내는 걸 볼 때면 황당했다. 나에게는 기강을 잡으려 했지만, 정작 본인은 선배들에게 허술하게 행동했다. '나는 안 되고 자기는 되나?' 더 이해할 수 없었다. 모든 행동이 부정적으로 보였다. 동료들을 챙기는 모습은 과도한 친밀감, 상사에게 잘 보이려는 모습은 아부로만 보였다. 모든 것이 불편했다. 편견의 색안경을 쓰니, 그 사람의 모든 행동이 편견을 뒷받침하는 증거가 됐다. 진일을 이해하려 하지 않았다. 내 판단이 옳다고만 증명하려 했다.

그의 목소리

3년 후, 회식 자리에서 진일과 같은 테이블에 앉았다. 진일이 머쓱하게 먼저 말을 꺼냈다. 그때 들은 그의 속내는 충격이었다.

"입사한 지 반년도 안돼서 후배 생기니까 부담스러웠어요. 혹시 제가 너무 심했나요?"

그제야 진일도 불안했다는 걸 알았다. 기강을 잡으려 했던 건 권위적 성격 때문이 아니었다. 갑자기 선배가 된 상황에서 든 부담감과 책임감 때문이었다. 진일은 군대에서 익힌 위계질서에 익숙했다. 여자 후배가 들어오니 어쩔 줄을 몰랐다. 동료들을 챙기고 상사를 존중하는 모습도, 그가 배운 사회생활 방식이었을 뿐이다. 부정적으로만 봤던 행동들이 사실은 배려였다. 진일의 소통 방식이었다. 그의 행동만 보고 마음은 보려 하지 않았다.

달라진 시선 확인

지난주에 회사 동료가 상을 당해서 조문을 갔다. 전에 가 본 장소였다. 10년 전이다. 서울에서 대전까지 선배들과 모여서 이동했었다. 장례식장까지 진일의 차로 움직였다. 왕복 다섯 시간을 운전했다. 귀가할 때는 진일이 동승자들의 집 근처까지 데려다주었다. 선배들뿐만 아니라 나까지 챙기는 모습이 의외였다. 조금씩 다르게 보였다. 이번엔 나도 그가 했듯이 선배들을 집 앞에 내려주었다. 한동안 잊었던 진일을 생각했다.

강남역 근처에서 우연히 진일의 뒷모습을 보았다. 업무 시간 중에 밖에 다니는 모습은 여전했다. 예전에는 '업무는 뒷전이고 어딜 돌아다니나.' 했다. '사람 똑같네.' 싶으면서 인간적으로 보였다. 보는 것만으로도 불편했던 사람이었는데, 이제는 그런 감정이 들지 않았다. 그랬다. 진일은 처음부터 지금까지 똑같은 사람이었다. 달라진 건 그를 바라보는 내 시선이었다.

상대방을 미워하는 감정은 내 편견에 대한 감정이다. 20대의 나는 평등과 자유를 주장하면서도 자기중심적이었다. 편협했다. 내가 경험한 문화, 추구하는 가치관을 절대적 기준 삼아 상대방을 재단했다. 진짜 성숙한 사람은 자기 기준으로 상대를 판단하지 않는다. 사람에게는 그 사람만의 배경과 이유가 있다고 생각한다. 내 가치관이 유일한 정답은 아니라는 걸 받아들인다.

늦은 이해, 고마운 깨달음

진일은 나보다 먼저 직장 생활을 했다. 선배로서 뭔가 해 주려고 했다. 하지만 서툴렀고, 나는 유연하지 못했다. 진일이 나쁜 것도, 내가 착한 것도 아니었다. 먼저 말 꺼낸 진일에게서 어른스러움을 느꼈다.

진일을 통해 배운 건 타인에 대한 이해가 아니다. 나에 대한 이해다. 자신의 경험에만 갇혀 있었다. 내가 얼마나 좁은 시각으로 세상을 보고 있었는지 알았다.
상대방을 바꾸려 하지 않고, 바라보는 시선을 바꿨다. 다른 사람도 나름의 이유가 있다. 섣부른 판단에 앞서 배경을 파악하고, 한 번 더 관찰한다. 일상적인 대화를 나누고 움직임, 표정을 살핀다. 즉각적으로 반응하지 않는다. 다른 면은 없는지 살핀다.

미워할 이유를 찾을 때는 보이지 않았다. 이해하려 하니 보였다. 같은 사람, 다른 시선이 관계에서 일어나는 변화였다.

> 💍 **인사이동 TIP** 💍
>
> 누군가의 행동이 이해되지 않을 때, '이 사람은 왜 저럴까?' 대신 '이 사람에게는 어떤 사연이 있을까?'라고 먼저 생각해 봅니다.

그때는 어른인 줄 알았다

김한조

함께였던 날들

중·고등학교 시절, 온종일 붙어 다니던 친구 네 명이 있었다. 어디에서든 하루 대부분을 함께 보냈다. 그중 한 명이었던 민호는 우리와 다른 길을 걷기 시작했다. 싸운 적도, 특별한 사건도 없었지만, 어느 순간 같은 무리에 있지 않았다.

졸업 후 다른 직장에 다니고, 사는 곳도 바뀌면서 연락이 뜸해지는 친구들도 많다. 민호와는 '무엇 때문이었지?' 하고 지금 생각해 봐도 전혀 감이 오지 않는다. 무심해져서 잊은 건지, 기억 속에서 그 시절이 희미해진 건지도 잘 모르겠다. 멀어진 민호와의 기억을 더듬어 본다.

동네에 학교가 많지 않았다. 초·중·고 친구 대부분 같은 학교에 다녔다. 부모님은 고등학교 친구가 평생 간다고 했지만, 초등학교

때부터 이어진 경우가 많았다. 초등학교 시절의 나는 공부도 곧잘 하고, 사고도 거의 치지 않는 학생이었다. 하지만 중학교에 들어서면서 달라졌다. 공부에는 관심이 없었다. 그냥 친구들과 몰려다니는 게 좋았다.

중학교 3학년이 되었다. 담임 선생님은 매우 폭력적이었다. 하루는 우리 넷을 아무도 없는 시청각실로 불렀다.
"일주일간 너희가 학교 밖에서 뭘 했는지 빠짐없이 적어."
그냥 친구 집에 가서 놀거나, 동네 공원에 있거나 정도가 다였다. 뭘 적으라는 건지 난감했다. 친구 집에서 비디오 영화를 보고, 분식집에서 떡볶이를 사 먹거나, 독서실에서 숙제하는 등의 일상을 적었다. 그는 항상 들고 다니는 박달나무 몽둥이를 잡으며 말했다.
"다들 엎드려."
그날 이후로 매일 맞았다. 몰려다니는 것이 불량해 보인다는 이유였다. 그게 다였다. 잘못했든 안 했든, 성적이 좋으면 "이것들, 커닝했구먼.", 나쁘면 "공부는 안 하지?"라며 때렸다. 그렇게 매를 맞으며 1년을 보냈다. 지금은 상상도 할 수 없는 일이다. 하지만 30년도 전인 1990년대에는 선생님이 학생에게 무차별 폭력을 가해도 '사랑의 매'라는 이름으로 정당화되었다. 어떻게 보면 그런 순간들이 쌓여 우리를 더 끈끈하게 만들었다.

서서히 벌어진 거리

우리는 고등학교에 가서도 여전히 붙어 다녔다. 하루는 싸움에 휘말려 민호와 경찰서에 끌려갔다. 나란히 앉아 조사를 받았다. 겁도 났지만, 함께 있어 한편으로는 마음이 놓였다. 그는 늘 앞장섰다. 힘도 세고, 싸움도 잘했다. 내 편에 있다는 것만으로도 든든했다. 시비를 거는 또래를 만나도, 껄렁대는 선배를 마주쳐도 무섭지 않았다. 그 시절 민호는 나에게 꽤 중요한 존재였다.

고3 무렵부터 조금씩 만남이 뜸해졌다. 그는 여전히 우리 무리에 있었지만, 다른 친구들과도 어울리기 시작했다. 썩 좋아 보이지는 않았다. '우리끼리만 놀아야 하는데 왜 저럴까?' 하고 속으로만 생각했다. 표현하지는 않았다. 지금 생각하면 다양한 사람들과 어울릴 수 있는 건 분명 장점이었다. 그땐 이해하지 못했다. 그렇다고 그런 이유로 멀어질 사이는 아니었다. 약간은 어색한 시간이 흐른 채로 졸업을 했다. 졸업 후 가끔 연락이 닿아 만나긴 했지만, 내가 반가워했는지도 잘 모르겠다. 군대 전역 후에도 한두 번은 더 만났다. 그러나 왜 멀어졌는지, 무슨 일이 있었는지 얘기하지 않았다.

오해로 멀어진 시간

고작 10대, 20대 초반에 어른이라고 생각했다. 지금 보니 마음은 여전히 덜 자란 어린아이였다. 민호는 나에게 속 얘기 할 기회조차 없었을지 모른다. 언젠가부터 '나와는 다르다'라는 이유로 거리를 뒀다. 혹시 나한테 서운했던 건 없었을까. 지금은 의문이 들지만, 그땐 생각조차 하지 않았다. 묻기보다 판단이 빨랐다. 남을 이해하려 하기보다 내 결론부터 내렸다.

세월이 흐르고 나서야 깨달았다. 다양한 사람들과 어울릴 수 있었던 건 강점이었다는 걸. 붙임성 좋고 두루 친한 사람은 상황이 바뀌어도 새로운 관계를 만들 수 있다. 그때는 불편함으로 받아들였다. 이해보다 오해가 먼저였다. 지금은 그 모습이 대단하게 느껴진다. 다양한 관계 속에서 스스럼없이 어울리는 힘은 아무나 가질 수 있는 게 아니다. 가끔 생각한다. '내가 조금 더 물어보고, 이해하려 했다면 지금도 함께할 수 있었을까?'

달라진 건 나의 시선

지금의 나는 관계를 중요하게 여긴다. 불편하다고 피하지 않고, 각자의 다름을 인정한다. 내 실수를 돌이켜 보거나 상대방의 입장을 다시 생각한다. 어린 나를 바라보니 이해하기 힘들다. 관계에 관한 생각과 깊이는 지나고 나서야 느낄 수 있나 보다. 어쩌면 지금의 생각도 10년, 20년 후에는 모자라 보일 수도 있다.

관계에서는 소통이 필요하다. 중요하고 가까운 사람일수록 그러한데, 반대로 행동할 때가 많다. 내가 잘 알기 때문에 '저 사람은 저럴 거야.' 하고 혼자 결정짓는다. 그리고 기준에 맞지 않으면 거리를 둔다. 민호에게 그랬다. '친구 관계를 중요하게 여기지 않는구나.', '나와는 다르구나.' 단정하고 멀어졌다.

이제는 SNS에서 가끔 그의 소식을 본다. 잘 지내는 모습을 보면서 속으로 응원해 주고 있다. 예전엔 불편했던 그의 모습이, 지금은 사람을 가리지 않고 어울리는 태도라는 걸 알았다. 그렇게 보게 된 건 시간이 지난 뒤였다.

달라진 건 그가 아니었다. 그를 바라보는 나의 시선이었다. 오해와 편견이 만든 벽은 내 안에 있었다. 벽을 허물고 나니 보인다. 오해에서 이해로 가는 데는 시간이 필요했다. 앞으로도 직접 만나 대화를 나누는 일은 없을지 모른다. 민호는 이제 다르게 기억된다. 그 기억이 남아 있는 한, 마음속에서는 예전처럼 나란히 걷는 친구로 두고 싶다.

인사이동 TIP

사람 마음은 겉으로 다 보이지 않습니다. 모르는 것은 묻고 이해하면, 관계는 훨씬 편안해집니다.

불편함의 원인을 찾다

신재원

불편한 이야기가 오가는 자리

혜경과 마주 앉아 있으면 시간이 불편하게 느껴졌다. 대화 중에 다른 사람들 이야기가 자꾸 나오는 게 싫었다. 좋은 얘기든 나쁜 얘기든, 제3자의 이야기를 주제로 시간을 보내는 것은 내게 불편한 마음이 들게 했다. 무엇보다 내 이야기도 언젠가 다른 곳에서 똑같이 풀어놓을까 봐 걱정되었다. 점점 입을 닫고, 조심스럽게 거리를 두기 시작했다.

나는 '말에는 무게가 있다'고 생각하는 편이다. 대화 중 제3자의 이름이 자꾸 오가는 모습이 내 기준에서는 불편하게 느껴졌다. '신뢰할 수 없는 사람, 가십을 좋아하는 사람.'

사실은 내가 스스로 만든 불편함

그런데 시간이 지나면서 깨달았다. 내가 정말 불편했던 건 남 이야기를 하는 사람이 아니었다. 남 이야기를 하는 나 자신을 누군가 안 좋게 바라볼 것이라는 두려움 때문이었다.

혜경이 다른 사람 얘기를 할 때, 나는 이런 생각을 했다. '저렇게 말하면 안 좋게 보이는데… 나는 절대 저러면 안 돼', '실수로 말을 잘못 전해서 관계가 틀어지면 어떡하지?', '내가 한 말 때문에 나쁘게 보이면 어떡하지?' 이런 걱정이 커질수록 남에 관한 말은 아예 하지 않는 게 안전하다고 생각했다. 또 남에게 관심을 덜 가지면 내 마음이 평온했고, 누군가의 문제에 개입하지 않으면 마음이 복잡하지 않았다. 그게 편했다.

착한 사람이어야 한다는 강박

변화의 계기는 김경일·류한욱의 『적절한 좌절』이라는 책이다.

> "갈등보다는 침묵을, 상처보다는 이해를. 그냥 내가 좀 더 힘들고 말겠다고 하는 마음."

이 문장은 정말 내 얘기를 써놓은 것 같았다. 자신보다 타인의 감정을 우선시하고, 실망하지 않는 나로 살아가려는 강박. 바로 '착한 사람 콤플렉스'라 할 수 있다. 타인의 기대에 맞추려다 보니, 진짜 나의 감정은 어디론가 밀려났다. 나 자신의 욕구보다 주변 분위기를 먼저 살폈다. 의견을 말할 기회가 와도 늘 속으로 삼켰다. 상대의 마음 읽는 법은 배웠지만, 정작 내 마음은 읽지 못했다.

꼭 착한 사람이어야 할까? 모든 사람에게 좋은 사람으로 보여야 할까? 나를 억누르며 사는 것보다 때로는 미움받더라도 솔직한 나의 모습을 보여 주는 용기가 필요했다.

내 감정에 먼저 귀 기울이기

책을 읽고 나서 중요한 걸 깨달았다. 생각보다 많은 사람들이 나와 달리 다른 사람의 감정을 먼저 생각하지 않는다는 것이었다. 사람들은 나보다 타인의 시선을 덜 의식하며 자연스럽게 자신의 감정을 표현하는 경우가 많았다. 그렇다면 불편한 감정을 느낄 만큼 내 감정을 억누르며 지나치게 상대에게 맞춰 줄 필요가 있을까? 불편한 감정을 느낀다면 그건 내가 나를 과도하게 억누르고 있다는 신호일 수 있다. 편안하고 자연스럽게 내 감정에 먼저 귀 기울여 보면 좋겠다는 생각이 들었다. 결국 상대방이 어떻게 느낄지는 내가 어떻게 할 수 없는 일이라는 걸 깨달았다. 그렇다면 나부터 변해 보고 싶어서 작은 실험을 했다. 하루에 한 번씩 '지금 내 기분이 어떨까?'라고 스스로에게 물어보기 시작했다. 신기하게도 이 간단한 질문만으로도 사람들과의 대화가 다르게 느껴졌다.

혜경에게서 발견한 진심

혜경과의 대화도 다시 보았다. 혜경이 누군가의 얘기를 할 때, 예전 같으면 '또 남 얘기네.'라고 판단했을 텐데, 이제는 '혜경이는 왜 이 얘기를 하는 걸까?' 하고 생각해 본다. 다른 시각으로 바라보니 전혀 다른 모습이 보인다.

"민수가 요즘 힘들어 보여서 걱정이야. 우리가 뭔가 도와줄 수 있을까?"

아, 이게 바로 진심 어린 관심이구나. 내가 '예의 없는 행동'으로 여겼던 혜경의 말들이 사실은 '관계를 이어 가려는 마음'이었다는 생각이 들었다. 혜경의 관심 표현 방식이 내 방식과 달랐을 뿐인데, 그걸 잘못된 거라고 판단했었다.

착한 사람에서 진심인 사람으로

이제는 무조건 이해하려고 애쓰지 않는다. 때로는 "저는 개인적인 이야기는 조심스러워하는 편이에요."라고 솔직하게 말하기도 한다. 예전처럼 조용히 참는 대신에 말이다. 때로는 "저도 비슷한 경험이 있어서, 공감이 돼요."라며 진심 어린 반응을 건네 보기도 한다. 무난하게 "아, 그래요…"라고 했던 예전과는 조금씩 달라지고 있다.

이제 '실수하지 않는 완벽한 나'보다 '실수해도 진심인 나'를 선택하려 한다. 관계란 원래 완벽하지 않은 법이니까. 말은 와전되기도 하고, 오해가 생기기도 하며, 때로는 감정이 복잡하게 얽히기도 한다. 하지만 그런 자연스러운 흐름마저 두려워, 마음에 벽을 세운 채 혼자만의 안전한 세계에 머물러 있으려 했던 나였다. 이제는 이 안전한 세계 밖으로 조금씩 나아가 보려고 한다. 완벽하지 않아도 괜찮고, 때로는 복잡해져도 괜찮다는 마음으로, 실수하지 않는 사람이 아니라 진심 어린 사람이 될 것이라는 생각으로.

인사이동 TIP

누군가가 하는 말이 불편하게 느껴질 때, 나에게 질문해 본다.
"지금 기분이 어때? 왜 이렇게 느끼는 걸까?"

눈꺼풀이 한 겹 벗겨지듯

유혜인

불편한 관계의 시작

나는 13년 차 치과위생사다. 진로를 정할 때, 하고 싶은 일 없고 빨리 취업해야겠단 생각으로 직업을 택했다. 3년 차까지는 대학 근처 병원이라 또래 환자들이 많고, 배우는 재미도 컸다. 4년 차부터 바쁜 병원으로 이직했다. 정신없이 돌아가는 나날이었지만 성과급이 있어 버틸 만했다. 그러던 중 병원 원장의 건강 문제로 인해 일이 줄었다. 시간에 여유가 생겼다. 경제적 자유를 꿈꾸며 부동산 공부를 시작했다. 새로운 욕망이 생기자, 일이 시들해졌다. 그 무렵인지도 모른다. 환자들이 불편해지기 시작한 건.

병원은 다양한 사람들이 모인다. 말을 반복하는 사람, 설명을 믿지 않는 사람, 민간요법대로 치료해 달라는 사람, 필요하지 않은 치료를 요구하는 사람, 자기 이야기만 하는 사람들까지. 비협조적인 환자들을 마주하면 피로감이 쌓인다. 치과는 무섭고, 돈이 많이 들고, 아프다는 인식이 깊다. 대부분의 환자는 처음부터 경계심을 안고 온다. 하루에도 수없이 "아프다"라는 말을 듣는다. 환자를 달래려 애쓰다가 점점 내 감정도 무뎌진다. 환자에게 눈길을 거뒀다.

서서히 회의감이 밀려왔다. '이 일을 왜 해야 하지? 투철한 봉사 정신으로 이 직업을 선택했다면 달랐을까? 누군가의 꿈일 수도 있는 이 일을 내가 가볍게 여기는 건 아닐까? 이 일이 나와 맞지 않는 건 아닐까?' 하는 생각들이 나를 갉아먹었다.

나를 채우는 시간

불편함을 피하려고 부동산 공부에 몰두했다. 아이러니하게도 그곳에서 변화의 물꼬가 트였다. 공부를 위해 책을 봤다. 책을 읽고 '나'에게 질문했다. 어떤 사람이 되고 싶은지, 어떤 욕망이 있는지, 무엇을 좋아하고 싫어하는지, 앞으로 어떻게 살고 싶은지 스스로 묻고 책을 통해 답을 더듬었다.

심리학 교수 최인철의 책 『프레임』은 내 시각을 바꿨다. '상대에게 내가 영향을 받기도 하지만 내가 상대에게 영향을 주기도 한다.'라는 문장은 관계의 주도권이 나에게 있다는 걸 알게 해 주었다. 커리어 전문가 박승오·홍승완의 책 『인디워커』는 '직장인'이 아니라 '직업인'으로 일하게 했다. 일할 때 강점을 녹여 내고, 나만의 경력을 쌓게 했다. 아들러 심리학을 연구한 기시미 이치로:고가 후미타케의 『미움받을 용기』는 행복이란 공헌감에서 비롯된다고 말했다. '내가 어떤 도움을 줄 수 있을까'에 시선을 두니 직업에 대한 회의감이 조금씩 줄었다. 데일 카네기의 『인간관계론』은 '자기 중요감'을 강조한다. 작은 존중과 관심이 어떻게 영향을 주는지 직접 체감했다. 라이팅 코치 이윤정의 『평단지기 독서법』은 책을 내 일상 속에 녹였다. 하루 10분 독서하고 얻은 한 문장을 실천했다.

지금은 내 직업이 좋아졌다. 환자가 불편하지 않다. 다양한 사람들을 만날 수 있는 이 공간이 소중하다. '왜 저렇게 말했을까? 어떤 맥락이 있었을까?' 하고 사람들의 이야기를 듣고 관심을 둔다. 환자와 눈빛이 닿는다.

때로는 말 한마디로

책을 통해 시각이 달라지기도 하지만, 때로는 사소한 말 한마디가 시선을 바꾼다. 나에겐 목소리가 유난히 큰 친구가 있다. 어느 날, 친구를 만나고 집에 돌아와 남편에게 푸념했다.

"친구는 목소리가 너무 커서 만나기 부담스러워. 우리 이야기를 다른 사람들이 듣는 게 신경 쓰여. 매번 목소리를 낮춰 달라고 부탁하는 것도 싫은 소리 하는 것 같아서 힘들어."

그때 남편이 말했다.

"그 친구? 엄청 리액션 잘해 주고 잘 웃는 친구 아니야? 그런 사람 흔치 않아."

순간 멍해졌다. 맞다. 친구는 내 이야기를 잘 들어 준다. 진심으로 반응해 준다. '왜 그동안 친구의 장점을 보지 못했지?' 하는 생각이 번쩍 스쳤다. 친구의 좋은 점이 크게 다가오니 큰 목소리는 희미해졌다.

그날 이후, 나는 사람을 만날 때 '장점 하나'를 먼저 떠올리려 한다. 장점을 하나씩 발견할 때마다 관계는 부드럽고, 대화는 따뜻해졌다. 관계의 걸림돌을 덮는다.

벗겨진 시선

돌이켜 보면 환자나 친구가 불편했던 이유는 '매몰된 내 시선' 때문이었다. 책이든 누군가의 한마디든, 사실 방법은 중요하지 않다. 매몰된 시각에서 벗어날 수 있다면 그걸로 충분하다. 내 눈꺼풀이 한 겹씩 벗겨질 때마다 새로운 세상이 모습을 드러낸다. 새로운 세상은 존재하고, 또 존재한다. 그렇게 더 많은 시선을 쌓아 가는 과정에서 살아 있음을 느낀다.

> **인사이동 TIP**
>
> 불편한 사람을 만나면 그 사람의 '장점 하나'를 찾아봅니다. 그러면 관계의 온도가 달라집니다.

가족이라서 더 아팠고,
그래서 견뎠다

이복선

'병' 앞에서 가족들의 침묵은 나를 더 아프게 했다. 하지만 시간이 지나고 깨달았다. 사랑의 표현 방식은 제각각이고, '가족'은 오랜 시간을 거쳐 서로를 이해하게 되는 관계라는 것을.

침묵의 시간

근무 중에 병원에서 전화가 왔다. 나의 수술 일정 통보였다. 의료계 파업으로 의사 수가 부족한 상황에서 연락이 왔다는 건 그만큼 상황이 위중하다는 뜻이다. 췌장에서 발견된 물혹이 예상보다 빠르게 커지고 있었다. 담당 의사는 조직검사 결과 암세포는 아직 보이지 않지만 수술을 해 봐야 정확히 알 수 있고, 수술 후 회복까지 몇 달이 걸릴 수 있다고 했다.

당시 재활병원에서 퇴원한 엄마를 모시고 있었다. 내가 수술받는 건 가족 전체의 균형을 흔드는 일이다. 공부하는 아이들이 심리적으로 영향을 받을 수 있다. 형제들은 충분히 나의 상황을 이해는 하지만, 쉽게 엄마를 모신다고 나서지 않는다. 형제들에게 절박한 마음으로 엄마를 좀 모셔 달라고 도움을 청했다. 그러나 돌아오는 건 침묵뿐이었다. '왜 아무 말이 없을까?', '나보다 건강한 사람들이 왜 한 달 정도 모신다고 말하지 않는 걸까?' 하는 질문은 메아리 없는 공간에 흩어졌고, 답답함은 서운함으로 변했다. 내가 던진 외침을 아무도 받아 주지 않자 '가족'이라는 말이 공허해졌다.

그 무렵, 엄마의 근심으로 건강도 급격히 나빠졌다. 나의 수술 날짜가 다가오자 더 이상 기다릴 수 없었다. 대비를 해야 했다. 결국 손을 들었다.

"엄마, 내가 모실게."

그 말을 꺼내는 순간, 형제들은 마치 기다렸다는 듯 "그 방법이 최선이야."라고 답한다. 고마움보다 안도감이 앞선 듯한 반응에 씁쓸했다.

고통 속에서 드러난 마음들

그 후 엄마와 함께 생활한 지 3년, 또 다른 병이 나에게 찾아왔다. 유방암이었다. 그것도 예후가 좋지 않은 삼중음성 유방암이다. 치료 방법을 찾아보니 치료만 최소 일 년 사 개월. 사용할 수 있는 항암제도 제한적이었다. 형제들에게 상황을 알렸을 때 반응은 예전과 비슷했다.

"그래도 엄마는 네가 모셔야 의지가 될 거야."

또다시 모든 부담이 내게 돌아오는 기분이었다. 엄마는 내 병을 알고 난 뒤 내 얼굴을 똑바로 바라보지 못했다. 죄책감일까, 미안함일까. 엄마의 시선은 늘 바닥을 향했다.

항암을 시작했다. 부작용은 상상 이상이었다. 피부는 불에 덴 듯 벗겨지고, 쉽게 그을려 갔다. 입안은 금속을 씹는 듯한 쓴맛으로 가득했고, 한 모금의 물도 모래알처럼 껄끄러웠다. 내장은 비틀리듯 옥죄었고, 사소한 스침에도 손발 끝은 바늘에 찔린 듯 저려와 비명을 삼켜야 했다. 그런 고통의 시간 속에서 내 곁을 가장 오래 지켜 준 건 엄마였다.

드러나는 따뜻한 사랑

어느 오전, 엄마가 요양사와 함께 산책을 다녀왔다. 엄마의 손에는 작고 검은 비닐봉지가 들려 있었다. 사과 네 개, 키위 일곱 개가 굴러 나왔다. 가쁜 숨을 고르며 엄마는 과일값이 삼만 삼천 원이고, 장마로 인해 물량이 줄어 가격이 많이 올랐다고 말했다. 옆에 있던 요양사가 웃으며 말을 덧댔다.

"더운데도 따님이 잘 먹는다니까 사 오신 거예요."

과일 봉지를 다시 바라봤다. 그 안에는 삼만 삼천 원의 과일이 아니라, 말로 다 표현할 수 없는 사랑이 담겨 있었다. 걷기도 힘든 몸으로, 외출도 벅찬 엄마가 아픈 딸을 위한 마음이었다.

형제들도 어느 순간부터 나를 챙기기 시작했다. 언니는 식욕을 잃어 음식을 거의 먹지 못하는 나를 위해 정성껏 음식을 만들어 매주 보냈다. 오빠는 병원 진료가 있는 날에는 시간을 쪼개어 동행해 주기도 했다. 그들은 말 대신 행동으로 보여 줬다. 표현 방식이 달랐을 뿐이었다.

형제들이 아픈 나를 이해하지 못한다고 생각했다. 내 이해의 기준이 반드시 옳은 것은 아니었다. 각자의 삶이 있고, 감당할 수 있는 몫이 달랐다. 내가 절박함을 강요했을 수도 있고, 그들은 각자의 방식으로 지켜보고 있었을지도 모른다. 그들도 삶 한가운데에서 자신만의 방식으로 애쓰고 있었다. 가족이란, 같은 상처를 다른 모양으로 감당하는 사람들의 집합일지도 모른다.

치료 과정은 여전히 계속된다. 병원에 다니고, 약을 챙기며 살아간다. 아직 형제들을 완전히 이해하지 못해도, 아픈 마음에 서운했던 감정은 조금씩 녹아내린다. 오랜 시간, 많은 침묵과 충돌, 오해를 거쳐 겨우 서로를 이해하게 된다. 엄마의 따뜻한 시선, 형제들이 보내 준 정성스러운 음식, 과일 봉지 속 담긴 마음이 모여 오늘을 살아가게 한다. 그들 역시 자기 삶 속에서 나를 품고 있을 것이다. 표현 방식은 다를지라도 그 사랑은 분명히 존재한다.

🙂 인사이동 TIP 🙂

상대에게 이해받고 싶으면 내가 먼저 그들을 이해합니다. 나의 기준을 내려놓고 나와 다름을 인정합니다.

삶은 나이를 먹어도 재미있을 수 있다

이윤경

10만 명이 본 스레드 포스팅

얼마 전 유튜브에서 연예인 이영자가 김숙 생일 파티를 열어 주는 콘텐츠를 우연히 보게 되었다. 처음엔 아무 생각 없이 재미있게 영상을 봤다. 늘 그렇듯 유쾌한 두 사람의 케미가 재밌으면서도 따뜻하게 느껴졌다. 그렇게 영상을 보고 있는데, 영상 말미에 이영자가 김숙에게 전하는 편지가 나왔다.

'내 착한 동생이자 친구 숙아, 앞으로도 별거 아닌 것에 웃고, 대단치 않은 것에도 기뻐하자.'

왜인지 모르게 가슴에 콕 다가왔고, 이 짧은 문장에 가슴이 따뜻해졌다. 유쾌했던 영상의 앞 장면은 기억나지 않고, 마지막 메시지만 마음에 오래 머물렀다. 다시 영상을 돌려 장면을 캡처했다.

오랫동안 기억하고 싶어서 내 SNS에 해당 장면을 올렸다. 그런데 글을 올린 지 얼마 되지 않아, 하루 만에 2천 개가 넘는 '좋아요'와 10만 조회 수를 기록했다.

평소에도 유튜브나 콘텐츠를 보다 마음에 남는 대사들을 SNS에 올린 적은 있었다. 그런데 이렇게 많은 사람들의 폭발적인 공감을 받은 건 처음이었다. 왜 이 문장이 이렇게 많은 사람의 마음을 건드린 걸까, 곰곰이 생각했다. 결론은, 요즘 많은 사람들이 말로 다하지 못할 피로와 관계 속의 긴장, 마음의 힘겨움을 안고 살아가고 있기 때문인 것 같았다. 내가 위로받았던 포인트도 바로 그 점이었다. 나만 그런 게 아니었다. 그래서 나와 사람들의 마음이 뭉클해진 것 같다. 마치 위로받는 느낌이어서 말이다.

사교클럽의 시작

저 문장을 보며 자연스럽게 특별한 세 명의 친구가 떠올랐다. 함께 있으면 별거 아닌 일에도 웃음을 터뜨리던 동갑내기 친구들이다. 우리의 인연은 중학교 시절로 거슬러 올라간다. 사실 처음부터 모두가 친했던 것은 아니었다. 처음에는 같은 학교에서 자주 어울리던 한 친구하고만 가까웠다. 그러다 어느 날, 그 친구가 데려온 또 다른 친구와 만나 놀게 되었다. 그런데 첫 만남에서부터 노는 방식도, 말투도 나와는 다르다는 느낌을 받았다. '아, 나랑은 안 맞는 스타일이네.' 하고 혼자 단정 지어 버린 기억이 난다. 그래서 같이 있어도 말을 아꼈고, 둘만 있는 상황은 피했다. 여럿이 함께할 때는 괜찮았지만, 괜히 불편해 거리를 두곤 했다. 지금 생각하면 참 단순하고 무례한 시선이었는데, 그땐 그게 내가 사람을 판단하고 대하는 방식이었다.

그 후로 또래 한 명이 더해져 네 명이 자주 어울리게 되었다. 만나면 붙어 웃고 떠드느라 왁자지껄해서 사람들은 우리 모임 이름을 '사교클럽'이라고 불렀다. 처음에는 잘 맞지 않을 것 같던 친구와도 자주 어울려 놀다 보니 조금씩 괜찮아지긴 했다. 하지만 여전히 둘만 있는 자리가 편해진 건 아니었다. 그러다 시간이 흘러, 나와 이 친구를 빼고 두 명은 일찍 결혼했다. 사는 동네도 달라지면서 자연스럽게 우리 둘만 남아 함께하는 시간이 많아졌다. 단둘이 하게 되는 일들이 많아지고 시간이 쌓이면서 그 친구에 대해 조금씩 더 알게 되었다. 알고 보니 성격도 좋고, 맡은 일에 책임감 있으며, 유쾌하면서도 단단한 사람이었다. 그 친구 덕분에 또 다른 사람들과의 관계도 많이 쌓게 되었다. 그러면서 어느 순간 나도 자연스럽게 마음을 열게 되고, 둘도 없는 사이가 되었다.

사람은 직접 부딪혀 봐야 안다

예전의 나는 사람을 빨리 판단했다. 첫 만남의 말투, 눈빛, 자세나 대화의 단어를 고르는 방식만 보고 나랑 맞는지 안 맞는지 판단했다. 선입견을 품은 채 사람을 대하다 보니 이유 없이 관계가 불편해지기도 했다. 이해하려 애쓰기보다는 내 안에서 조용히 선을 그어 버린 것이다. 굳이 불편함을 감수하고 싶지 않았던 이유도 있었다. 그랬던 나인데, 제일 불편했던 친구와 가장 깊은 친구 사이가 될 줄은 정말 몰랐다. 그를 통해 내가 가진 선입견이 틀릴 수 있다는 걸 배웠다. 사람은 직접 부딪혀 봐야 안다는 것도 알았다. 이런 깨달음은 한 친구와의 관계를 넘어, 다른 사람들과의 관계를 새롭게 바라보게 한 출발점이 되었다.

지금은 멀리 있어 자주 보진 못하지만, 우리 넷은 오랜 세월을 거치며 말로는 표현할 수 없는 돈독한 사이가 되었다. 작년에 마음이 무척 힘든 시기, 누구에게도 말할 수 없는 힘든 시간을 보낼 때, 사교클럽 친구들에게 기도를 부탁했다. 굳이 이유를 묻지 않고 마음을 건네줄 수 있는 사람들이라는 걸 알기 때문이다.

빗속을 달리는 노년의 우리

한 모임의 단톡방에 영국의 화가 '데서 브로치'의 그림이 올라왔다. 그림 속에는 우산을 들고 빗속을 뛰는 멋진 세 할머니가 있었다. 옷이 젖는 걸 아랑곳하지 않고, 걸음은 가볍고, 표정은 밝게, 발을 맞춰 환하게 웃으며 걷고 있었다. 그림이지만 할머니들의 유쾌함과 즐거움이 고스란히 느껴지는 작품이었다. 그림을 본 순간 우리 넷이 떠올랐다. 언젠가 마주할 노년에 나이 들어 함께 걷고 웃을 수 있다면 참 좋겠다고 생각했다. 그림을 보며 늙어 가는 것에 대해 따뜻한 상상을 하게 되었다. 얼굴엔 주름이 생기고, 허리도 굽고, 얼굴이 예쁘지는 않겠지만, 여전히 서로가 곁에 있다는 건 꽤 큰 위안이자 기쁨일 것이다.

늙어서도 함께 웃을 수 있는 사람들

어릴 땐 수많은 사람을 알고 싶었고 새로운 관계에 설렜었다. 하지만 나이를 먹을수록 관계에서 오는 피로는 생각보다 훨씬 크다. 새로운 사람을 알아 가고, 관계를 맺는 일은 점점 더 어렵다. 말을 조심하게 되고, 감정은 숨기게 된다. 나 자신을 감출 때도 많다. 그런 의미에서 나는 지금까지도 언제든 편하게 기댈 수 있는 사교클럽 친구들이 참 고맙다. 오랜 시간 쌓인 신뢰 덕분에 설명하지 않아도, 감추지 않아도, 감정을 드러내도 괜찮은 나의 소중한 친구들.

그림 속 유쾌한 세 할머니가 자꾸만 마음에 남는 건, 어쩌면 그들이 '서로를 잘 알고 있는 사람'이기 때문일지도 모른다. 관계에 지치고 새로운 연결이 조심스러운 이 시기에 오래 알고 지낸 사람들과의 관계는 더욱 소중하다.

앞으로도 사교클럽 친구들과 별거 아닌 것에 웃고, 대단치 않은 것에도 기뻐할 수 있는 마음을 가지며 살아가고 싶다. 그건 혼자일 땐 어려운 일이지만, 곁에 있는 사람이 함께 웃어 주면 가능한 일이 될 것이다. 나이가 들어 간다는 변화가 가끔은 쓸쓸해도 서로의 속도를 맞춰 줄 누군가가 곁에 있고, 그 사람들과의 추억이 마음속에 살아 있다면, 삶은 여전히 재미있을 것이다.

🐾 인사이동 TIP 🐾

늙어도 함께 웃을 수 있는 사람이 곁에 있다면, 그게 인생 최고의 자산이다.

10년 늦은 편지

정청한

군 생활의 시작과 첫인상

스물두 살에 군대에 입대했다. 의정부 306 보충대에서 첫 불침번을 선 날이 아직도 또렷하다. 모두가 잠든 밤, 생활관엔 빨간 조명이 희미하게 깔려 있었다. 나는 그 아래 서서 눈을 감고 누워 있는 낯선 사람들을 바라보고 있었다. '이걸 21개월을 더 해야 한다고?' 앞길이 안 보인다는 게 이런 기분일까. 정말 숨이 턱 막혀왔다.

보충대를 나와 신병훈련소에서 한 달간 훈련받았다. 시간은 금세 지나갔고, 훈련소 동기들과 아쉬운 작별을 하며 각자 배치받은 부대로 흩어졌다. 내가 도착한 자대에서 소대장과 부소대장을 처음 만났다. 소대장은 갓 육군사관학교를 졸업한 젊은 장교였고, 부소대장은 험상궂은 인상에 나이가 들어 보였다. 자대에서의 생활은 예상보다 순탄했다. 체대를 다녀 '다나까체'나 '앞존법'(상급자에게 높임말을 쓰는 규칙) 같은 군대식 말투도 익숙했다. 첫날 장기자랑 좀 해 보라는 선임들의 말에 동기와 〈Let it go〉를 열창하며 격한 환호도 받았다. 그래서인지 선임들도 똘똘한 놈이 들어왔다며 잘 챙겨 주었다.

딱 하나 힘든 게 있었다면, 꽉 막힌 부소대장이었다. 험상궂은 외모만큼 딱딱하고, 융통성이 없었다. 머리카락 길이가 본인 기준에 맞지 않으면 휴가도 내보내지 않았다. 말년 휴가를 나가는 선임들의 머리까지 직접 밀어 버릴 정도였다. 아침 구보부터 청소까지, 뭐 하나 그냥 넘어가는 일이 없었다. 우리끼리는 '진짜 적은 북한이 아니라 간부'라는 말이 돌 정도였다. 소문에 의하면 곧 다른 부대로 발령이 날 예정이라고 했다. 그때부턴 조금만 버티자는 마음으로 하루하루를 보내고 있었다.

새벽에 찾아온 부름

2014년 7월 4일, 저녁 당직사관은 부소대장이었다. 그날 당직사관이 누구냐에 따라 생활관의 분위기는 천차만별이었다. 편하게 대해 주는 분이라면 슬쩍 다가가 연등(취침 시간 뒤에도 불을 켜고 깨어 있을 수 있게 허락을 받는 것)을 신청했다. 그리곤 몰래 사 두었던 과자와 컵라면을 꺼내 먹으며 새벽까지 이야기를 나누곤 했다. 하지만 부소대장에게는 씨알도 안 먹힐 것을 알기에 얌전히 잠자리에 들었다.

그날 새벽, 불침번이 나를 깨웠다. 시계를 보니 새벽 2시경이었다. 아직 근무를 설 시간이 아닌데, 시간표를 잘못 봤나 싶었다.
"부소대장님이 지금 행정반으로 오라 하십니다."
후임의 말에 심장이 철렁 내려앉았다. '내가 오늘 뭘 잘못했지?', '혹시 몰래 욕하던 걸 들었나?' 행정반까지 가는 그 짧은 거리에서 수많은 생각을 했다. 문을 열고 들어가니 부소대장이 무거운 얼굴로 앉아 있었다. 잘못한 게 많아 뭐부터 털어놓아야 할지 고민하던 찰나, "할머니가 위독하시단다."라며 입을 여셨다.

그 말을 듣는 순간, 모든 생각이 정지됐다. 그러고는 눈물이 흘렀다. 당장이라도 뛰쳐나가 병원에 있는 할머니에게 달려가고 싶었다. 부소대장은 그런 나를 한참 동안 바라보고 있었다. 얼마나 지났을까, "지금 어머니한테 데리러 오라고 했으니 다녀와라."라며 말했다. 그 말을 듣는 순간, 할머니를 다시 한번 볼 수 있을지도 모른다는 작은 희망이 피어올랐다.
"가서 옷 갈아입고 와."
부소대장은 내 등을 조용히 두드려 주었다. 나는 그렇게 휴가증도, 군장도 싸지 않은 채 새벽 3시에 부대를 나섰다. 나중에 들은 이야기지만, 부소대장과 행정병 선임이 서류를 처리하느라 꽤 고생이 많았다고 했다.

할머니와의 마지막 인사

병원에 도착하니 새벽 4시가 넘어가고 있었다. 나는 곧장 병실로 달려갔다. 이미 그 앞은 소식을 듣고 달려온 가족들의 울음소리로 가득 차 있었다.

"할머니가 제일 좋아하는 손주 왔어."

나는 조심스레 병상에 누워 계시는 할머니 손을 잡았다. 손은 앙상했고, 차가웠다. 나는 무릎을 꿇고 할머니의 눈을 조용히 들여다보았다. 눈을 제대로 뜨시진 못했지만, 분명 나를 알아보셨다. 할머니는 마지막 힘을 짜내 입을 여셨다. 무슨 말인지 알아들을 수는 없었지만, 마음만은 확실히 전해졌다. 신병 위로 휴가를 나갔을 때까지만 해도 거동도 곧 잘하시던 할머니였다. "다음 휴가 나올 때까지 건강하게 잘 계세요!"라며 인사하고 들어왔는데, 그게 마지막이었다니. 나는 할머니의 손을 꼭 쥐고 사랑하고 감사하다며 속삭였다. 그리고 5시 25분, 할머니는 세상을 떠나셨다.

나는 장남이라는 이유로, 할머니의 특별한 사랑을 받으며 자랐다. 식혜를 좋아한다는 말에 할머니는 늘 양손에 한가득 들고 편도 두 시간이 넘는 길을 매달 찾아오셨다. 영정사진을 바라보고 있으면, 지금이라도 "우리 강아지"라며 달려와 안아 주실 것만 같았다. 장례를 마치고 나니, 군에서 받은 2박 3일의 조사 휴가가 순식간에 흘러 버렸다. 입관식조차 보지 못한 채 나는 다시 자대로 복귀해야 했다.

며칠은 툭하면 눈물이 나와 힘들었다. 공중전화 부스 안에 앉아 한참을 울기도 했었다. 하지만 시간은 흘러갔고, 나는 금방 적응해 나가기 시작했다. 사라졌던 입맛도 돌아왔다. 사람들과 시시콜콜한 이야기를 주고받으며 웃기도 하였다. 할머니에게 죄송할 만큼 나는 빠르게 제자리로 돌아오고 있었다. 하지만 딱하나 달라진 게 있었다.

부소대장님에게서 배운 한 가지

그날 새벽 이후, 무섭고 답답한 사람이라고만 여겼던 부소대장이 내겐 전혀 다른 모습으로 다가왔다. 내 등을 조용히 두드리며 "다녀와라."라고 해 주던 그 말 한마디는 세상 어떤 위로보다 큰 힘이 되었다. 그 순간, 그분이 가진 진심을 처음으로 느낄 수 있었다. 그리고 사소해 보일지 모르는 작은 배려가 다른 누군가에게는 평생 잊지 못할 큰 은혜가 될 수도 있다는 것을 깨달았다. 얼마 지나지 않아 부소대장은 다른 부대로 발령이 나게 되었다. 여전히 다가가기 어려운 분이었기에, 마음속 감사는 끝내 전하지 못했다.

부소대장님, 10년이 넘는 시간이 흘러 이제야 감사의 인사를 전합니다. 부소대장님 덕분에 인생에서 가장 소중한 시간을 할머니와 보낼 수 있었습니다. 진심으로 고개 숙여 감사드립니다.

> **🌀 인사이동 TIP 🌀**
>
> 사소한 배려가 누군가에게는 평생 잊지 못할 은혜가 될 수 있다는 걸 알게 되었습니다. 그 후로 작은 행동이라도 상대방에게 도움이 된다면 주저하지 않으려 합니다.

진정한 어른이 되어서야 이해하다

최고은

엄한 사람

어렸을 때부터 아빠가 퇴근하면 현관문 앞에서 "다녀오셨어요?" 하고 인사했다. 예의 바르게 큰 건 아빠의 가정 교육이 한몫했을 것이다. 친구들과 노는 걸 좋아했던 초등학생의 나는 여름이 지나면 이마가 빤질빤질했다. 햇볕에 그을려서 항상 까만 피부였다. 깜깜해질 때까지 놀이터에서 놀았던 어느 날, 아빠는 "다음에도 늦게 들어오면 쫓아내겠다."라고 경고했다. 노느라 아빠와의 약속을 새까맣게 잊어버린 나는 또 집에 늦게 들어갔다. 아빠는 한다면 한다는 사람이었다. 집 현관문 밖으로 쫓겨나 얼마나 서 있었는지 기억나지 않는다.

중학생 때까지 나의 진로는 아빠가 권한대로 써냈다. 아빠가 못 이룬 꿈을 그나마 성실한 나에게 기대했던 것 같다. 도덕 시간에

사관학교에 진학하고 싶다고 발표하니 선생님은 "너는 선생님이 잘 어울릴 것 같은데?" 말했다. 한 번도 생각해 본 적이 없던 직업이다. 한창 진로에 고민이 많던 나는 아빠한테 경영학과나 심리학과로 진학하고 싶다고 했지만, 안 된다고 했다. 무엇을 하라는지 몰라서 고민이 많았다. 내가 하고 싶다고 했을 때, 격려해 주고 지켜봐 줄 거라고 생각해서인지 아빠의 대답은 서운했다.

부모님의 지원

수능 점수에 맞춰서 대학에 입학했다. 나는 부모님의 품을 떠나 대학 생활을 한다고 마냥 들떠 있었다. 갖가지 생활용품을 사고 부모님과 함께 자취방에 짐을 놓았다. 아빠는 집으로 운전해서 가는 동안 내내 울었다고 한다. 품에 끼고 20년을 키운 자식이 타지에서 잘 지낼지 걱정해서였다. 그것도 모르고 오리엔테이션까지 다녀온 나는 반수를 생각했다. 점수에 맞춰 대학에 진학했기 때문이다. 아빠는 짐을 정리해 본가로 오라고 하였다.

일 년만 고생하면 평생이 달라질 거라고 다짐하며 다시 수능을 준비했다. 하지만 모의고사 성적표를 보여 드릴 때마다 고등학교 3학년 성적과 비슷했다. 수능 날, 부모님은 또 한 번 같은 고사장에 나를 데려다줬다. 생각보다 좋은 성적에 우리는 기뻐했다. 나는 대학 원서를 쓰는 마지막 날까지도 고민했다. '내 성적으로 원하는 대학에 합격할 수 있을까? 안정권으로 하나 썼으니까 내가 원하는 지역으로 원서 써도 되지 않을까?' 하고 생각한 나는 결국 그 누구도 합격할 거라고 예상하지 못한 곳에 원서를 냈다. 내가 합격하고서야 다들 "네가 거기 합격할 줄 몰랐어." 얘기했다.

대학생이 되어서도 아빠는 성적표를 보여 달라고 했다. 대학생이라면 자유로운 생활을 즐길 수 있을 거라고 생각했기에 아빠의 요청은 마음이 불편했나. 취업하는 4학년을 세외하고 내학교 3학년 때까지 성적표를 보여 줬다. 방학 때마다 집에 가서 엄마 밥을 먹으며 지내고 싶었다. 방학 동안 방 정리부터 생활 습관까지 아빠와 몇 번이나 부딪혔고, 결국 기숙사에서 방학의 대부분을 보내기로 했다. 아빠는 내심 서운했겠지만, 나는 싸우는 것보단 떨어져 지내다 잠깐 만나서 반가운 것이 더 좋다고 생각했다.

서른쯤, 부모님께 소개하고 싶은 남자 친구가 생겼다. 아빠와 다른 성향의 남자 친구였다. 아빠는 말없이 행동으로 보여 줬는데, 남자 친구는 말을 다정하게 했다. 부모님께 소개해 드리러 집에 가는 날, 익숙한 계단이었지만 떨렸다. 그렇게 부모님과 남자 친구는 어색하게 처음 만났다. 애지중지 딸을 키워 온 부모님의 마음에 그 누구도 성에 차지 않았을 터. 결혼을 반대하던 아빠는 엄마의 설득으로 결국 결혼을 허락했다. 감사하게도 결혼 후부터 아빠는 신랑을 오히려 살뜰히 챙겼다. 이젠 명절을 쇠러 가면 신랑이 좋아하는 반찬을 많이 먹으라고 권한다. 아빠가 손수 한 음식들을 가져가서 먹으라고 싸 주기도 한다. 그저 묵묵히 챙겨 준다. 신랑을 대하는 아빠의 모습이 달라지니 나도 아빠를 보는 눈이 달라졌다.

남다른 아빠

우리에게 아기 천사가 찾아왔다. 여름휴가를 맞이해 가족들이 처음으로 아기를 보러 왔다. 만나기 전엔 뜨뜻미지근한 아빠였는데, 막상 첫 손자를 보니 마음이 확 사로잡혔나 보다. 잠깐 기저귀를 안 찬 동안 아기가 쉬를 싸는 바람에 아빠 바지가 다 젖었는데도 허허 웃었다. 그렇게 손자 사랑이 시작됐다. 원래 하루만 머물고 갈 계획이었던 아빠는 아기가 정말 예뻐서 집에 가는 걸 아쉬워하는 눈치였다. 우리야 친정 부모님이 아기를 봐 주면 좋았기에 하루 더 자고 가라 했다. 내가 갓난아기였을 때 아빠가 많이 목욕을 시켰다더니 오십 일밖에 안 된 아기를 능숙하게 목욕시키고, 매 수유 후 토닥토닥 안아 줬다.

한번 친정 부모님의 도움을 받은 나는, 두 달 된 아기 짐을 몽땅 싸서 친정에 갔다. 지금 이 글을 쓰는 순간에도 대단하다고 생각되는 아빠. 아기 돌보기는 물론이거니와 요리까지 가능한 멀티 플레이어였다! 두 시간마다 수유했는데, 그걸 소화시킨다고 30분 동안 안고 있어야 했다. 그렇지 않으면 어김없이 게워 냈다. 그걸 아빠가 다 해 줬다. 새벽에도 귀신같이 두세 시간마다 깨서 먹는 아기를 안아 소화시켰다. 수유하고 나면 피곤해서 정신없는 나에게 조금이라도 더 자라고 하면서, 일찍 일어나는 아기를 돌봤다. 그러면서 젖 먹이는 아기 엄마는 잘 먹어야 한다며 매 끼니마다 맛있는 요리를 해 줬다. 산후조리를 해야 하니 여름이지만 따뜻한 걸 먹는 게 좋겠다며, 고명이 가득 올라간 온 메밀을 만들어 줬다. 보양식이라며 장어와 소고기도 구워 주면서, 한 상 든든하게 차려 줬다. 2주만 지내려 했던 친정에서 한 달쯤 지내고 아기 짐을 한가득 실어 다시 우리 집으로 올 때, 결국 아빠도 우리 집으로 같이 왔다.

아기 백일상을 아빠가 차려 줬다. 백일 전날 고사리, 도라지, 시금치를 칼을 쓰지 않고 손으로 다듬어야 한다고 했다. 나랑 신랑이 졸려서 삼든 새벽에 아빠는 밥을 짓고, 손수 나물을 다듬고, 미역국을 끓였다. 아기를 위한 축문도 직접 썼다. 백일상을 친정아빠가 준비했다고 하니 주변 사람들은 깜짝 놀랐다. 그런 친정아빠가 어디 있냐고! 아기를 낳고 진정한 내리사랑을 깨달았다.

서로 다른 사랑의 표현

청소년 시기, 성격이 불같았던 나는 아빠와 갈등이 많았다. 결국 속상해서 울고 끝난 일이 부지기수다. 아빠와 우리 집에서 지내는 동안에도 계속 부딪혔다. 아빠의 방식으로 우리에게 사랑을 표현하고 있었는데, 내가 그걸 몰랐다. 요리하던 아빠가 손을 데고서야 '아차!' 싶었다. 그날 저녁 어찌나 울었는지, 눈이 퉁퉁 부었다. 다음 날, 쭈뼛거리며 죄송하다고 털어놓았다. 그 일을 계기로 나는 아빠한테 마음이 활짝 열렸다.

요즘은 아빠 건강 상태가 많이 안 좋아서 예전만큼 아기를 보러 오지 못한다. 대신 매일 영상 통화를 한다. 나도 아기를 핑계로 별일 없이 영상 통화로 엄마, 아빠 얼굴을 보고, 목소리를 한 번 더 듣는다. 툴툴대는 나의 말투 때문에 전화를 끊고 나면 후회하지만, 항상 기다려 주어 고마운 아빠.

아기를 낳고 나니 부모님의 사랑이 얼마나 큰지 헤아리게 된다. 무뚝뚝하기만 했던 아빠의 헌신이 있었다. 철없던 나는 아빠의 사랑 표현을 온전히 받아들이지 못했다. 개리 채프먼 박사는 『5가지 사랑의 언어』에서 인정하는 말, 함께하는 시간, 선물, 봉사, 스킨십을 제시했다. 각자 선호하는 사랑의 언어가 다르다. 나의 언어는 인정하는 말이고, 아빠의 언어는 봉사다. 이제야 말보다 행동으로 보여 준 아빠를 이해한다.

🍵 인사이동 TIP 🍵

사랑의 표현 방식은 다릅니다. 상대방이 보내는 사랑의 언어가 무엇인지 생각해 보세요.

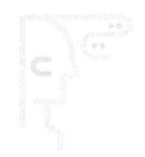

나를 찾는 여정

최샐리

남초(男超) 조직 속에서 여성의 사회생활

올해로 직장 생활 삼십 년 차. 나는 지금도 현업에서 성실히 일하고 있다. 우리 팀은 남성이 99%를 차지하고, 구성원도 많은 편은 아니다. 아주 예전엔 서로에게 과도할 정도로 관심이 많았다. 농담처럼 '누구 집 숟가락이 몇 개 인지까지 아는 사이'라는 말이 나올 정도였다. 하지만 MZ세대 후배들이 대거 유입되면서 이런 구시대적 문화도 많이 사라졌다.

과거의 직장 생활은 나에게 정말 '극악무도'한 시간이었다. 남초 집단 속에서 여성으로 살아남는 일은 야생을 버티는 생활이었다. 지금은 상상 못 할 일들이 그때는 '당연한 일상'이었다.

회식은 기본이 일주일에 서너 번, 퇴근 후의 시간은 온전히 내 것이 아니었다. 선배가 '가자.' 하면 가야 했고, 자정 넘어서 귀가해도 다음 날은 제일 먼저 출근해 있어야 했다.

회식 자리에서는 남녀 구분 없이 술을 마셔야 했다. 부장님 옆에서 술을 따르고, 2차 참석은 당연한 일이었다. 부장님과 어색한 블루스를 춰야 하는 순간도 있다. 이십 대에 첫 사회생활을 시작한 나는 이런 것들도 그냥 '사회생활'이라고 생각했다. 오히려 이런 문화를 이상하게 여기기는커녕 나조차도 '원래 그런 것'이라 여겼다.

모든 사람의 마음을 얻을 수는 없는 일

그런 환경 속에서 나를 유독 미워하고 구박하던 상사가 있었다. 삼십 년이 지난 지금도 그 사람과의 첫 대면은 선명하다. 그날, 나는 국장님의 심부름을 전하러 그 선배를 찾았다. 그저 말을 전했을 뿐인데 돌아온 반응은 갑작스러운 분노였다.

"야! 지금 너, 나 바쁜 거 안 보여?"

그날부터 우리의 엇갈림은 시작됐다. 물론 모든 사람과 잘 지낼 수는 없다. 남자들만 바글바글한 조직에 싹싹한 이십 대 여자 후배가 들어왔을 때 어떤 상황이 펼쳐졌을까. 그 선배 외 다른 선배들 대부분은 나를 예뻐해 주었다. 그런데 다른 선배들 호의보다 한 사람의 괴롭힘은 너무도 힘들었다. 그 선배가 나를 내칠수록 잘 보이려고 애썼다. 일도 더 잘하려고 노력했다. 그러나 상황은 나아지지 않았다. 선배가 퇴직하기 전까지 오랜 시간 힘들었다. 불합리한 업무 배정, 인격 무시하는 말들, 사소한 비하가 계속 이어졌다. 가장 힘들었던 순간은 그 선배가 팀장이 된 후 교묘하게 조작된 인사고과를 받았을 때이다. 그때의 억울함은 아직도 큰 상처로 남아 있다. 지금은 '직장 내 괴롭힘'이라는 신고 제도가 있지만, 당시엔 없었다. 하지만 힘도, 인맥도 없던 이십 대의 나는 결국 참는 것 말고는 다른 선택지가 없었다.

그럼에도 나아가다

그렇다면 내 직장 생활은 그 한 사람으로 인해 온통 괴롭고 불행하기만 했을까? 단호히 말할 수 있다. 아니다. 그렇지 않았다. 억울하고 속상한 순간들도 많았지만, 나는 나만의 방식으로 나의 길을 갔다. 맡은 일을 성실하고 즐겁게 하려고 노력했고, 어느새 일이 정말 재미있어지기도 했다. 밤샘이나 시차 근무가 많아도 단 한 번도 배려받기를 원하지 않았다. 내 몫을 다하는 것에 집중했다. 제일 좋았던 것은 집중해서 일할 때는 나를 괴롭히는 사람 따윈 잊을 수 있었다는 것이다. 그렇게 사람들과 함께 웃고 호흡하며 삼십 년을 지냈고, 지금의 경력을 만들었다. 그 시간은 전혀 짧지 않았다. 하루하루를 묵묵히 쌓아 올린 결과였다. 그 선배 한 사람의 괴롭힘에 움츠러들었다면 나는 이 자리에 있지 못했을 것이고, 삼십 년 근속은 불가능했을지도 모른다.

요즘 들어 많은 후배가 상담을 청해 온다. 사람 사는 이야기 듣는 걸 좋아해서 요즘 친구들이 어떤 고민을 하는지 귀를 기울인다. 그들의 이야기를 듣다 보면 내 신입 시절과 크게 다르지 않다. 물론 겉모습은 달라졌을지 모르지만, 남초 조직에서 여성이 겪는 차별과 고민은 안타깝게도 지금도 여전히 존재한다. 그럴 때마다 나는 말한다.

"그냥 재미있게 지내. 눈치 보느라 스스로를 힘들게 하지 말고. 네 일을 성실히 하다 보면 결국 너를 알아봐 주는 사람이 반드시 생겨."

나를 찾아가는 한걸음의 시작

그 선배도 결국 정년퇴직으로 회사를 떠났다. 정년 퇴임식 날 끝내 내 눈을 똑바로 마주치지 못하던 그의 모습이 아직도 선명하다. 그 사람 때문에 힘들다고 주저앉아 내 시간이 멈췄더라면, 극복하지 못하고 포기했더라면, 지금의 나는 없었을 것이다. 물론 그 과정을 견디는 동안 나는 수없이 울었고, 괴로웠고, 버거웠다. 하지만 나는 단 한 사람의 잣대에 나를 끼워 맞추지 않았다. 나로서 충분히 당당했고, 떳떳했다. 굳이 누구에게 잘 보이기 위해 애쓸 필요가 없다는 걸 깨닫는 데 시간이 좀 걸렸을 뿐이다. 단언컨대, 누군가의 평가 하나가 나의 전부일 수는 없다. 돌아보면 힘들었던 순간들도 내게 꼭 필요한 시간이었다. 결국 그 모든 과정은 '나를 찾아가는 길'이었다.

나의 길을 찾다

그렇게 마침내 나의 길을 찾았다고 말할 수 있다. 한때 거대한 산처럼 버겁게 보였던 존재는 돌아보니 작은 허상에 지나지 않았다. 그 사람도 결국 나와 같은 그저 한 명의 월급쟁이였을 뿐이다. 나의 길을 찾아가는 과정은 용기를 내야 했고, 끝없는 훈련이 필요했으며, 내 그릇을 키우는 시간이기도 했다. 그리고 그 모든 여정이 가능했던 것은 나를 믿고 응원해 준 사람들이 언제나 내 곁에 있었다는 사실이었다.

인사이동 TIP

직장에서 나를 힘들게 하는 사람이 있다면, 이제는 그 한 사람 때문에 너무 마음 아파하지 마세요. 나를 지지하고 응원하는 더 많은 사람들이 많다는 걸 꼭 기억하기를 바랍니다.

누구나 선한 의도를 가지고 있다

최민욱

2018년 7월, 주 40시간 근무제가 시작됐다. 매일같이 야근하던 우리 팀원들은 '이제 5시 퇴근이 가능한 건가! 진정한 워라밸을 누릴 수 있게 되는구나!' 하고 기대했다.

5시가 되자, 사내 TV에서는 퇴근 방송이 나왔다.

"다들 노트북 가지고 퇴근해!"

5시가 되자 팀장님은 이렇게 말했고, 우리 사무실은 노트북 없이 전원이 꺼졌다.

당시 어느 회사나 그랬듯이 우리도 저녁 8~9시 퇴근이 일반적이었다. 사내 식당에서 저녁을 먹는 게 당연했다. 일주일에 두어 번 피자를 주문해서 사무실에서 저녁으로 먹기도 했다. 가끔은 옆 사무실 사람이 와서 "다 먹고살자고 하는 일인데! 같이 먹읍시다."라고 하면 "어이구, 감사합니다!" 하던 때였다.

우리 팀은 주 40시간 근무제를 주관하고 있다. 그 팀의 리더가 노트북을 가지고 퇴근하라는 지시를 내렸다. 그 말을 들은 우리들의 표정은? 똥 씹은 표정, 딱 그 표현이 맞겠다.

'어휴, 앞으로는 집에 가서도 일을 하라는 거구나.' 워라밸의 기대가 한순간에 무너져 내렸다. 며칠 동안 흡연장에서, 또 술자리에서 팀장에 대한 성토가 이어졌다. '주관 부서가 이러면 되냐', '그렇게 안 봤는데 세상 꼰대냐', '야근비도 안 주려는 꼼수 아니냐'. 그렇게 우리는 불평꾼이 되어 갔다.

물어보니 알게 된 진짜 의도

며칠 후 회식 자리. 나름 '할 말을 하는' 나는 불콰해진 얼굴로 팀장에게 결국 물어본다. 집에 노트북을 가지고 가라는 건 도대체 무슨 의도냐는 나의 말에 분위기가 싸해진다. 놀라며 나를 보던 팀원들의 눈빛이 팀장에게 옮겨 간다. 모두가 궁금해하던 질문이었던 모양이다. 팀장은 '어? 그걸 몰라?'라는 것처럼 눈을 더 크게 똥그랗게 뜨고 우리를 쳐다본다.

"지금 당장은 노트북을 가지고 집에 가서 일을 해야 하지만, 앞으로는 노트북을 집에 가져가지 않기 위해 어떻게든 하지 않겠냐? 사무실 전등을 끄는 건 사무실에서 나가라는 신호야. 그렇게 5시면 퇴근하는 문화를 만드는 게 먼저다."

그제야 우리는 고개를 끄덕였다. 그럼 그렇게 말해 주지 그랬냐는 팀원의 새침한 타박이 이어졌다. 당연히 그렇게 생각할 줄 알았다는 팀장에게 우리는 말없이 술잔을 내밀었다.

모든 사람은 선의가 있다

"다들 노트북 가지고 퇴근해!"라는 말을 들었을 때, '좋은 의도로 이야기했을 거야!'라고 생각한 사람이 있었을까? 불쾌한 기운을 빌려 물어보지 않았다면 그 의도를 알 수 있었을까?

코치를 통해 삶의 질을 높이는 〈라이프 코칭〉 프로그램에는 '모든 사람은 선의가 있다.'라는 기본 사상이 있다. 데일 카네기의 『인간관계론』의 첫 꼭지에서도 사형수가 사람을 죽인 이유도 '지키려'는 좋은 의도였다고 했으니까. 그래서 팀장이 선한 의도가 있다고 생각했다. '그 선의가 무엇일까'가 궁금했고 그 의도를 확인했다.

아이에게 "공부 좀 해!"라고 할 때, 분명히 선한 의도가 있다. "9시 출근이면 8시 50분까지는 와!"라는 꼰대 같은 말에도 '이런 걸로 팀장한테 찍히지 않았으면 좋겠다'라는 선한 의도가 숨어 있다.

오해가 생길 것 같으면 물어보자. "이렇게 말씀하시는 의도가 있으실까요?" 하고.

그 회식 자리에서 팀장에게 말했다. 그런 좋은 의도가 있다는 걸 말하지 않으면 모른다고. 팀장은 몰라줘서 서운하다고 했다.

선한 의도를 잘 표현하자

사람들은 자신의 선한 의도를 남들이 알 거라고 생각한다.

업무 특성상 팀장들을 많이 만난다. 리더십 코칭을 하는데, 가장 많이 하는 피드백은 "수다쟁이가 되세요."다. 대부분 팀장은 카리스마 넘치는 리더이길 원한다. 하지만 그건 경험으로 쌓은 방법을 자신만 가지고 있을 때 가능한 이야기다. 경험 많은 팀장의 말 한마디로 일이 수월히 풀리면, '엣헴' 하고 있으면 됐다.

하지만 지금은 아니다. 일에 대한 정보는 팀원이 더 많이 알 수도 있다. 그래서 지식보다 경험을 통해 알게 된 지혜를 잘 알려 주는 격의 없는 상사를 선호한다. 그런 사람에게 다가와서 더 물어본다. 조금은 수다쟁이처럼 보이더라도, 카리스마가 좀 떨어져 보이더라도, 나의 '선한 의도'를 잘 표현할 줄 알아야 한다.

삶은 부딪힘이다. 사람들하고 감정으로, 또 일로 많이 부딪힌다. 인간관계는 오해가 생기고, 그걸 풀어 가는 활동의 연속이다. 오해가 풀려 이해가 될 때 좀 더 돈독한 관계가 되기도 한다. 그렇다고 굳이 오해를 살 필요는 없다. 어느 때보다 소통이 중요한 시대다. 선한 의도를 구체적으로 설명하고, 다른 사람들이 언제든 의도를 물어볼 수 있는 열린 마음을 가질 필요가 있다.

> **인사이동 TIP**
>
> 오해는 '말하지 않아도 나의 선한 의도를 알 거야.'라는 생각에서 나오지만, 제대로 전달되지 않는 경우가 많습니다. "이렇게 말하는 의도는"이라는 말을 당분간은 버릇처럼 해 보세요.

제 3 장

드디어 마음이 도착한 사람

사랑 대신 도착한 이해

김경서

엄마, 나 너무 힘들어

　파일럿 공부 중인 아들에게서 전화가 왔다. 직감이 불안했다. 목소리만으로 아들의 상태가 전해졌다. 장맛비에 젖은 모래 자루처럼 무거운 목소리, 이어지는 길고 슬픈 침묵. 그러다 둑이 터지듯 울음을 쏟아 냈다. 숨과 울음이 뒤섞여 내 마음을 짓눌렀다. 스물넷. 아들이 아닌, 사랑에 무너진 한 남자의 목소리를 들었다. 밝고 꿋꿋한 아이라고 믿어 왔기에 더 낯설었다. 말로는 위로가 되지 않음을 알았다. 전화기를 귀에 바짝 붙이고, 숨소리 하나도 놓치지 않으려 애썼다. 혹시 여린 마음에 위태로운 선택을 할까 봐, 온 신경을 아들의 흐느낌에 집중했다. 귀가 뜨거워졌다. 핸드폰을 쥔 팔이 저려서 펴지지 않았다.

13명 중 12번

아들은 사랑앓이 중이다. 뜨거운 사막의 일상에 오아시스 같은 이성이 나타났다. 김하나. 항공 비즈니스를 공부하는, 단번에 눈길을 끄는 존재였다. 이미 남자 친구들이 있었지만, 아들의 끈질긴 구애 끝에 가까워졌다. 밝게 웃는 얼굴 뒤에 늘 그늘이 드리워져 있던 하나. 불안정한 가정 환경의 그림자였다. 아들은 그 어둠에 연민을 느꼈다. 식사를 챙기고, 부르면 달려가 곁을 지켰다. 언젠가는 그늘이 걷히리라 믿으며 헌신했다. 시간이 흐르면서 하나는 다른 얼굴을 서서히 드러냈다. 사람을 쉽게 믿지 않았고, 언제든 떠날 수 있다는 전제를 깔았다. 연락은 자주 끊겼고, 약속은 흐릿했다. 다른 남자와 여행 가는 것도 당연시했다. 이해하지 못하는 아들을 오히려 답답해했다.

결정적인 순간이 찾아왔다. 아들은 하나가 다른 남학생과 은밀한 시간을 보낸 증거를 마주했다. 더 잔인한 건 그녀가 써 놓은 글이었다. 일기인지 낙서인지 모를 글 사이에서 발견한 문장이다.

'나는 여러 남자에게서 관심을 받아야 덜 불안해.'
'지금 만나는 애는 너무 착하고 나를 사랑하는 게 느껴져. 그런데 싫다. 전에도 싫고, 지금도 싫다.'

글보다 그 문장을 마주했을 아들의 얼굴이 떠올랐다. 얼어붙은 눈동자가 눈앞에 그려졌다. 그녀에게는 골키퍼가 한 명이 아니었다. 무려 13명! 아들은 리스트 12번에 올려져 있었다. 영화의 화면이 정지된 듯, 세상이 일시 정지 상태가 되었다. 아들의 실망이 그대로 느껴졌다.

내 방정식이 아닌, 이해로 시작된 깨달음

아들도 그 틈에 서 있었다. 13명 중 12번이라는 숫자와 낙서장의 문장을 읽으며 무너져 내리기보다 오히려 정신이 번쩍 들었다고 했다. 상처보다 먼저 밀려온 건 의아함이었고, 그 뒤를 이어 깨달음이었다. '내가 뭘 믿고 있었던 거지?' 아들이 붙잡고 있던 건 단순한 믿음이었다. 정성을 다하면 사랑이 변하지 않으리라는, 조건을 맞추면 답이 나올 거라는 계산 같았다. 마음은 방정식이 아니었다. 하나의 내면은 잡히지 않는 안개와 같았다. 애쓴다고 해서 결핍이 채워지는 것도 아니고, 진심을 쏟는다고 해서 불안이 사라지는 것도 아니었다. 그녀의 세계를 바꾸는 힘은 아들의 정성으로 해결되는 것이 아니었다. 변화란 언제나 그 사람 안에서 스스로 일어나야만 했다.

하나를 놓아주자, 아들의 어깨가 가벼워졌다. 사랑은 상대를 바꾸거나 붙잡는 게 아니었다. 있는 그대로 이해하고, 각자의 비행을 허락하는 것. 이제 아들은 조종석에 앉는다. 하늘은 넓고, 바람은 거칠다. 놓아줌으로써 아들은 자신의 비행을 시작할 거라 믿는다. 사랑은 도착지가 아니라, 날아가는 여정이다. 깨달음은 아팠지만 동시에 자유로웠다. 사랑은 깎아 내듯 다듬는 일도 아니었다. 결핍과 어둠까지 함께 품어 내는 일이었다. 이해란 내가 모르는 세계가 있음을 인정하는 용기였다. 사랑한다는 것과 끝까지 붙드는 것은 다른 문제였다. 애써 쥐려는 순간 흩어지고, 멀찍이 바라볼 때 오히려 남아 있는 것이 사랑이었다. 누군가의 자리를 있는 그대로 바라보는 용기가 이해였다. 아들은 지금, 그 용기를 배우는 중이다.

붙들던 사랑에서 놓아주는 이해로

며칠 지나 아들에게서 짧은 문자가 왔다.

"엄마, 나 요즘 괜찮아. 그냥 애 생각이 안 나. 신기해."

그 한 줄은 아들이 붙들던 마음을 놓고, 미련을 넘어 깨달음에 이르렀다는 신호였다. 아들은 이제 집착이 아닌, 이해에서 오는 자유를 경험하고 있다. 가까이 있다고 해서 다 아는 건 아니다. 진정한 이해는 내가 선 자리를 벗어나 상대의 세계를 인정하는 순간에 시작된다. 아들은 붙드는 사랑 대신, 놓아야 보이는 이해를 배웠다.

얼마 전, 하나에게서 손 편지가 도착했다. 옛날의 모습이 그립다며, 다시 보고 싶다는 마음을 담은 편지였다. 예전 같았으면 아들은 곧장 달려갔을 것이다. 흔들리고, 다시 붙들고, 자신을 가두었을 것이다. 하지만 이번에는 달랐다. 아들은 편지를 곱씹으며 한때 자신을 붙잡았던 마음을 낯설게 바라보았다. 과거의 그녀도 이해했고, 동시에 지금의 자신도 이해했다. 사랑이란 되돌아가는 길이 아니라, 제자리에 선 채로 상대를 있는 그대로 바라보는 일임을 알게 된 것이다. 아들은 이제 달려가지 않는다. 멈춘 채로도 흔들리지 않는다. 중심을 잡은 채 이해 속에 서 있다.

누구도 타인의 세계를 온전히 알 순 없다. 그럼에도 곁에 머무르려면 결국 이 물음과 마주해야 한다. '나는 이 사람을 바꾸려는가, 아니면 있는 그대로 받아들일 수 있는가?' 아들과 내게 도착한 마음은 같았다. 사랑은 붙잡는 힘이 아니라, 서로를 자유롭게 하는 이해였다.

💍 인사이동 TIP 💍

우리가 붙잡을 수 있는 건 사랑이 아니라 이해입니다. 가까운 사이일수록 모름을 인정할 때, 비로소 사랑은 시작됩니다.

지키지 못한 아버지의 뒷모습

김수인

기억 속 아버지 모습과 고달픈 삶

　기억 속 아버지는 일하는 모습 반, 술 취한 모습 반이다. 문틈 사이로 들리는 엄마의 고함 소리, 낮은 목소리로 무언가를 중얼대던 아버지, 술 취한 아버지는 엄마와 자주 싸웠다. 아버지 대신 내가 엄마의 마음속 이야기를 들어 줬다. 엄마는 딸 하나 안 낳았으면 어쩔 뻔했느냐며 나를 딸 이상의 친구이자 남편 같은 존재로 대했다. 어른 세상을 빨리 접한 나는 또래보다 성숙했고, 엄마를 따랐다. 엄마 말이 내 세상 전부였다. 그런 엄마를 괴롭히는 아버지가 밉고 원망스러웠다.

　이웃집 아저씨가 나를 무릎에 앉히고 웃으며 비행기를 태워 줄 때, 나는 평상 위에서 깔깔 웃었다. 아버지는 집에 돌아오면 검은 손을 씻었다. 연탄 가루가 껴 있는 손톱, 햇볕에 그을린 얼굴. 논밭을 오가며 일한 탓인지 말수가 적었고, 늘 피곤해 보였다. 내 옆에 앉지도, 나를 다정하게 안아 주지도 않았다. 점빵 문을 닫고 고단한 몸을 눕히던 뒷모습만 기억난다. 체격이 크지 않은 아버지에게는 연탄 장사와 점빵, 논농사, 밭농사까지. 육체적으로 힘든 노동이었을 것이다. 3남 1녀 여섯 식구를 먹여 살리는 것이 얼마나 힘들었을까? 어른이 된 지금, 그 시절 아버지의 왜소한 체격과 굽은 등을 떠올리면 삶의 고달픔이 느껴진다.

일이 힘들었을까, 마음이 힘들었을까. 어느 순간 아버지는 일손을 놓고 시름시름 앓았다. 무기력해 보였고, 술 마시는 횟수가 더 많아졌다. 엄마는 돈 벌기 위해 회사에 다니기 시작했다. 엄마와의 다툼이 더 잦아졌다. 술 취해 쓰러지는 아버지 모습이 보기 싫었다. 동네 사람들이 그런 아버지를 얕잡아 보는 것 같았다. 나약해 보이는 아버지가 창피하고 어린 마음에 자존심이 상했다. 아버지가 내 아버지가 아니었으면 좋겠다는 생각이 들었다.

마지막 졸업 사진

중학교 졸업식 날, 운동장 한쪽에 아버지가 서 있었다. 아버지가 올 거라곤 생각도 못 했다. 낯선 사람처럼 느껴졌다. 나는 꽃다발을 든 채, 잠시 멈칫하다가 눈인사를 했다. 반갑지도, 기쁘지도 않았다. 다른 아이들은 엄마, 아빠와 팔짱 끼고, 어깨동무하고 다정하게 사진을 찍고 있었다. 어깨도, 팔도 어디에 둬야 할지 몰라 꽃다발을 들고 머쓱하게 아버지와 졸업 사진을 찍었다. 이 사진이 아버지와의 마지막 사진이 될 줄 알았으면 좀 더 다정하게 팔짱 끼고 사진이라도 한 장 남겼을 텐데, 그때는 미처 몰랐다.

지켜 드리지 못한 아버지의 뒷모습

졸업식 다음 날, 아버지는 돌아가셨다. 나는 한동안 깊은 죄책감에 시달렸다. 아버지가 돌아가시기 직전까지 내가 같이 있었기 때문이다. 그날 엄마가 운영하던 식당 문을 열고 들어온 아버지를 본 순간, 나는 본능적으로 몸을 굳혔다. 또 술 마시고 소란을 피우는 건 아닐까. 그런데 그날따라 아버지는 조용했다. 말없이 식사를 마치고, 한참을 앉아 있다가 "난 먼저 간다."라며 자리에서 일어섰다. 늦은 시간이라 버스도 없고 큰오빠가 아버지를 태우러 오기로 했다. 아버지는 혼자 집으로 간다고 길을 나섰다. 혼자 보내는 게 마음에 걸려 나도 따라나섰다. 길을 걸으며 아버지가 내 손을 꼬옥 잡았다. 거칠고 따뜻했다.

"수인아, 너는 복 많은 아이야. 사람 조심하고, 친구 잘 사귀어야 해. 잘 살 거다."

평소 대화도 없던 사이라 아버지 말을 귓등으로 들었다. 나한테 딱히 잘해 주지도 않으면서 복 많다고 하는 말도 남 얘기 같았다. 큰 도로가 가까워지는데, 오빠 차가 오지 않았다. 날은 점점 어두워지고, 엄마가 있는 식당과 거리는 멀어졌다. 나 혼자 식당까지 되돌아갈 생각에 겁이 났다. 작은 도로에서 오빠 차를 기다리자 해도 아버지는 혼자 가겠다고 했다. 몇 번을 만류하다 화가 나서 아버지 혼자 가라며 뒤돌아와 버렸다. 중간에 오빠 차가 오면 만나서 차를 타고 가겠지, 생각했다. 그렇게 나는 되돌아왔고, 혼자 길을 나선 아버지는 결국 뺑소니 사고로 그날 세상을 떠났다.

마지막까지 나를 지켜 주신 아버지

갑작스러운 아버지 죽음을 받아들이기 힘들었다. 나 때문에 돌아가셨다는 죄책감에 짓눌렸다. 마지막까지 지키지 못했다는 생각에 죄인이 된 것 같았다. 아무도 나에게 뭐라 하지 않았고, 나 역시 아무에게도 털어놓지 못했지만, 내 마음은 감옥이었다. 성인이 된 후 친구에게 이런 마음을 하소연했다. 친구는 "네가 아버지랑 끝까지 있었으면 너도 사고를 당했을 거야. 아버지는 너를 보호하려고 혼자 가신 거야. 마지막까지 널 지키신 거야."라고 했다. 그 말을 듣는 순간, 오랜 시간 나를 괴롭혔던 아버지를 끝까지 지키지 못했다는 죄책감의 무게가 줄어들었다. 동시에 아버지를 원망하던 마음이 바뀌었다. 나를 사랑하지 않았다고 생각했지만, 사실은 마지막까지 나를 지켜 주시려 했던 거구나. 그 사실을 깨닫는 순간, 소리 없이 펑펑 울었다.

아버지의 외로움

중학교 졸업식 아버지와 함께 찍은 사진을 보며 그때가 마지막 순간이 될 줄 몰랐다. 길을 걸으며 아버지가 조용히 건넨 말들도 그날 이후 다시는 듣지 못했다. 아버지를 미워했던 순간들이 사실은 사랑받고 싶었던 순간이었다. 아버지도 자식들 존경을 받고 싶었을 텐데, 철없던 우리 4남매는 잘 알지도 못하고 아버지를 미워하고, 원망했다. 혼자 텔레비전 보며 허허 웃던 아버지의 뒷모습이 기억난다. 아버지는 웃을 줄 모르는 사람이 아니라 우리에게 따뜻한 미소를 보여 줄 여유가 없었을 뿐이었다. 사랑하지 않아서가 아니라 고단한 삶에 짓눌려 사랑을 표현할 여유가 없었다. 엄마 말이 전부였던 어린 내가 이제야 생각의 균형을 찾고 아버지를 이해하게 되었다. 술로 외로움을 달래고 그 술잔에 담긴 쓸쓸함마저 혼자 삼켜야 했던 아버지. 그 마음을 어디에도 하소연하지 못했을 것을 떠올리면 지금도 가슴이 먹먹해진다.

아버지의 사랑이 피고 지던 작은 화단

길가에 핀 코스모스를 보고, "와, 예쁘다." 했다. 그 순간에는 아무런 표정도 반응도 없던 아버지였다. 그런데 그다음 날 마당 입구 양쪽에 미니 화단 두 개가 만들어져 있었다. 작은 벽돌을 쌓고 밭에서 퍼 온 흙을 담아 뚝딱 완성한 화단이다. 그 안에는 봉숭아, 민들레, 코스모스 등 예쁜 꽃들이 피고 지었다. 나는 꽃잎을 따 손가락에 봉숭아 물을 들였다. 폴짝폴짝 마당을 오가며 꽃들에 말을 걸었고, 아버지는 조용히 지켜보았다. 그때는 그게 아버지의 사랑인 줄 몰랐다. 이제야 안다. 아버지는 딸이 예쁘다고 한 꽃을 선물 해 주려고 말없이 화단을 만들었다. 화단에서는 계절마다 아버지의 사랑이 소리 없이 피고 지고 있었다.

과거 기억을 재해석하며 현재의 소중함을 알아 가기

과거는 종종 미화된다. 특히 슬픔과 관련된 일이라면 더 아련한 색으로 칠해지고 포장된다. 아버지와 같이 산 세월보다 살지 않은 세월이 더 길어졌다. 어린 시절 아버지한테 느꼈던 원망과 죄책감은 오랜 세월 속에서 슬프지만, 아름답게 내 기억 속에 저장되었다. 기억 속 아버지를 재해석하면서 과거의 아팠던 기억을 단절하거나 과거에 휩싸여 힘들어하지 않는다. 오히려 현재의 소중함을 더 알아 가고 있다. 내가 아버지에게 느낀 감정을 내 자녀들도 비슷하게 느끼고 있을 것이다. 과거의 경험을 거울삼아 내 자녀들에게는 좀 더 적극적으로 사랑을 표현하고 믿어 주는 부모가 되려 한다. 이것이 내가 부모로부터 받은 큰 사랑을 되갚는 방법이니까. 과거는 과거로 남아 있을 때 더 아름답고 소중하다. 지금도 언젠가는 아름다운 과거가 될 것이다. 후회 없이 사랑하자, 바로 지금부터!

> **인사이동 TIP**
>
> 사랑하지 않아서가 아니라, 표현할 여유가 없었던 것은 아닌지 확인해 보세요.

월당 선생님께

김인경

뒤늦게 도착한 마음

후배가 업무를 실수할 때, 어떻게 말해야 할지 몰랐다. 친척 동생이 '나는 아무것도 하지 못해.'라고 자책할 때도 마찬가지였다. 격려하고 싶은데, 어떤 말이 도움이 될지 몰랐다. 월당 선생님이 떠올랐다.

선생님이 돌아가셨다는 소식을 뒤늦게 들었다. 한참을 멍하니 앉아 있었다. 대학생이 된 후였고, 이미 시간이 꽤 지나서였다. 뒤늦게 도착한 마음이란 게 이렇게 아픈 걸까. 감사를 전하고 싶은데 만날 수 없다.

문득 깨달았다. 지금 내가 사람들과 관계를 맺을 때 무의식중에 찾고 있던 것이 무엇인지를. 선생님이 내게 보여 주던 시선이었다. 다른 누구와 비교하지 않고 오직 나만을 바라봐 주시던 그 따뜻한 눈빛 말이다.

월당 서실에서의 일상

　열 살부터 열여섯 살까지 '월당 서실'이라는 서예학원에 다녔다. 청소년기를 관통하는 시절이었다. 피아노 학원에 다니다가 시력이 떨어져 서예학원으로 옮겼다. 월당은 선생님의 호였다. 나와 동생이 매일 가는 또 다른 집이 생겼다.
　방과 후 일과는 정해져 있었다. 학교가 끝나면 곧장 서예학원으로 향했다. 월요일부터 토요일까지, 한두 시간씩 펜글씨와 붓글씨를 번갈아 썼다. 공책 펴고 잉크에 펜촉을 담가 한자를 썼다. 벼루에 먹을 갈아 붓에 적셨다. 화선지에 정성스럽게 글씨를 올렸다. 다 쓴 뒤에는 먹물통에 담아 보관했다. 붓을 빨고, 벼루를 닦았다. 더운 여름에는 땀을 뻘뻘 흘리면서, 추운 겨울 손을 오들오들 떨며 빠짐없이 반복했다.

　지금 생각해 보면, 선생님이 글씨만 가르쳐 준 건 아니었다. '있는 그대로도 소중하다.'라는 마음가짐을 알려 주었다. 서실에는 다양한 사람들이 왔다. 어떤 아이는 일주일을 해도 기본 획조차 흐트러졌다. 어떤 아이는 한 시간 만에 새로운 서체를 익혔다. 선생님은 비교하지 않았다. 늦게 배우는 아이에게는 오늘은 어제보다 획이 안정되었다고 했다. 빨리 배우는 아이에게는 다음 단계로 올라가자고 했다. 각자의 속도에 맞춰 격려해 주었다. 가끔은 아이들이 말을 듣지 않아 꾸짖기도 했다. 하지만 우리가 연습량을 채우려고 노력한다는 걸 충분히 알고 있었다.
　실력이 늘자, 선생님은 기본체에서 예서체, 김정희체까지 가르쳐 주었다. 내 손을 감싸고 함께 붓을 잡으며 글씨 쓰는 방법을 알려 주었다. 잡았던 손이 따뜻했다.

"손에 힘 빼!"

선생님을 따라 손에 힘을 빼니 화선지 위에 매끈하게 글씨가 써졌다. 나중에는 정규 과정에는 없는 수묵화 그리기를 가르쳐 주었다. 특별한 대우였다. 나와 동생이 성실하게 다녔기 때문이었을까. 선생님은 하나라도 더 알려 주려 했다. 점심이나 저녁 식사 시간에는 밥을 챙겨 주기도 했다. '월당 서실'은 바쁜 어머니가 안심하고 아이들을 보낼 수 있는 곳이었다.

남녀노소가 뒤섞인 곳에서 천자문을 익히고, 명심보감을 공부했다. 서예 대회에 출품하면 늘 좋은 성적을 거두었다. 입선부터 특선, 때로는 특별상까지.

"특별상 시상하겠습니다."

사람들로 빼곡히 채워진 대회장, 내 이름 석 자가 불리면 짜릿한 기분에 어깨가 으쓱했다. 나도 특별한 재능이 있다고 생각했다. 자존감을 얻었다. 하지만 상보다 더 소중했던 건 선생님의 표정이었다. 입가에 희미했던 미소가 환한 웃음이 되었다. 우리가 상을 받든 못 받든, 열심히 하려는 마음을 봐 주었다.

늦은 깨달음과 아쉬움

예술을 하면 먹고살기 어렵다는 말을 들었다. 그 말에 빠르게 예술가의 길을 포기했다. 안정적인 삶을 위해 영어, 수학 학원으로 방향을 틀었다. 서예를 그만두던 날, 선생님께 마지막 인사를 드리며 눈가가 촉촉해졌다. 정이 많이 든 곳이었다. 선생님도 아쉬워하는 표정을 보였다.

선생님은 쉰을 넘기지 못하고 홀연히 생을 마감했다. 못다 핀 청춘이었다. 건너 듣기론 지병이 있다고 했다. 자세히는 몰랐다. 삶이 고달팠을까. 가끔 담배를 태우는 모습을 봤다. 그때는 몰랐다. 어린 나는 내 세계에만 빠져 있었다. 선생님의 마음까지는 헤아리지 못했다.

선생님이 남겨 준 가장 큰 선물

선생님이 준 가장 큰 선물은 서예 실력도, 상장도 아니었다. '완벽하지 않아도 된다. 다른 사람만큼 잘하지 못해도, 열심히 하려는 마음만으로도 충분하다.'라는 거다. 선생님은 다른 아이와 비교하지 않았다. 어제의 나와 오늘의 나만을 비교했다. 한 획 한 획 정성스럽게 쓰려고 애쓰는 마음을 알아주었다.

이제는 후배가 업무를 실수할 때 이렇게 말한다.
"처음 하는 일이니까 그럴 수 있어. 지난번보다 자세하게 정리했네."
친척 동생이 자책할 때는 "네가 지금 노력하는 모습이 정말 대단해 보여. 조금씩 나아지고 있잖아."라는 말을 해 주었다.
다른 사람과 비교하지 않는다. 그만의 성장을 응원해 주려 한다.

누군가의 부족함보다는 노력하는 마음을 먼저 보려 한다. 완벽하지 않은 모습도 그대로 받아들이려고 한다. 때로는 실수도 한다. 그럴 때 선생님이 바라본 따뜻한 눈빛을 떠올린다.

꾸준히 하는 사람을 선망한다. 묵묵히 해 나가는 힘을 '월당 서실'에서 길렀다. 목표한 학습량을 끝낼 때까지 자리에서 일어나지 않았다. 선생님과 매일 글씨 쓰던 날의 습관이 이어지고 있다. 그날의 훈련이 오늘날 마음가짐에 작용한다.

경험들은 연결된다. 어릴 때의 배움이 지금도 빛을 발하고 있다. 잘 해낼 수 있다는 믿음과 자신감을 얻었다. 선생님이 준 건 실력만이 아니다. 조건 없이 인정하고, 있는 그대로를 사랑하며, 개인의 속도를 존중해 주었다. 그런 선생님의 모습에서 진정한 어른을 보았다. 마음속에 평생 간직할 따뜻한 시선을 남겨 주었다.

월당 선생님, 감사합니다. 선생님 덕분에 오늘의 제가 있네요.

인사이동 TIP

지난주 후배가 업무를 실수했을 때, 예전 같으면 답답해했을 텐데 "처음 하는 일이니까 그럴 수 있어. 다음엔 더 잘할 거야."라고 말하고 있더라고요. 월당 선생님이 저에게 그랬듯이요.

받은 온기를 건네며

김한조

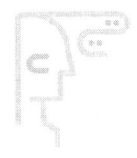

주방에서 시작된 꿈

고등학생 때부터 일하기 시작했다. 할 수 있는 일은 몸으로 하는 일들이었다. 주방에서 아르바이트하며 '이 일도 나쁘지 않다' 정도의 생각으로 조리사가 되었다. 그렇게 외식업에 첫발을 내디뎠다.

25년 전 조리사들의 최종 꿈은 호텔이었다. 그게 제일 안정적이고 보장된 미래였다. 내 목표는 달랐다. 주방에서만 있기보다, 여러 매장을 운영하는 일이 재미있어 보였다. 남들이 호텔 문을 두드릴 때 외식 운영 기업에 가고자 했다. 결국, 5년 만에 다양한 외식 사업 영역을 가진 회사로 이직했다.

새로 옮긴 곳은 업계에서 가장 앞서 나갔다. 다른 회사들과의 경쟁이 치열했고, 빠른 속도로 사업 영역을 넓혀 갔다. 첫 발령은 KTX 역사 안 매장의 주방 매니저였다. 광명, 대전, 대구, 부산역 안의 매장을 차례로 오픈하는 시기였다. 회사의 규모는 컸지만 기대했던 '기업 시스템'이 없었다. 김포공항, 인천공항에도 대규모 매장들이 많았지만, 매뉴얼은 허술했다. 심지어 본사에서 지시할 사안을 반대로 물어 올 때도 있었다. 그때부터 내 업무는 한 매장의 주방 운영에 그치지 않았다. 모든 것을 새로 만들어 나가야 했다.

믿어 준 리더와 성장의 시간

처음 만난 팀장님의 느낌은 '교과서' 같았다. 어리고 직급이 낮은 직원들에게도 존대하며 예의를 갖췄다. 실수가 있어도 모욕적이지 않게 얘기했다. 누구에게나 평등하게 대했다. 낡은 소형차를 타고 다녔다. 검소함이 몸에 배어 있었다. 공적으로도, 사적으로도 '나도 저런 사람이 되어야지.'라는 생각을 하게 했다.

추진력 또한 강했다. 과감하고 빠른 판단으로 거침없이 일했다.

그는 나를 주방에만 두기 아깝다고 판단했다. 시스템과 지침을 만들도록 전폭 지원했다. 중요한 업무 지시가 있을 때면 팀장님은 말했다.

"한조 님이 검토한 게 맞아요? 그럼, 그대로 합시다."

이 한마디에 내 생각을 곧바로 실행에 옮겼다. 일을 진행하다 보면 세부 사항을 점검하는 자리도 많았다. 업무를 확인하고 질문을 한 뒤에는 늘 이렇게 덧붙였다.

"나도 놓친 게 있는지 확인차 묻는 거예요."

그 말은 내 판단을 의심하는 게 아니었다. 책임을 떠넘기지 않고, 함께한다는 걸 항상 표현하며 느끼게 해 주었다.

팀장님은 전체 매장 운영을 맡겼다. 주방 운영을 이미 꿰고 있었기에 인력 관리, 비용 조정, 고객 응대 전반을 맡는 데 어려움이 없었다. 주방에서만 일하다 보면 매장 운영에 실패하는 경우가 많다. 음식에만 집중하고 서비스와 운영 전반에 관심을 두지 않기 때문이다. 그러나 나는 여러 매장 운영을 목표로 이직했다. 업무 방향이 분명했다. 팀장님은 바로 알아봤다.

팀장님은 매장 개점 현장마다 나를 데리고 다녔다. 철도, 휴게소를 거쳐 해외 공항까지 사업을 넓혔다. 회사가 성장하며 나도 함께 성장했다.

여러 매장을 개점한 경력이 쌓여 본사로 발령이 났다. 사업부 전체 매장을 관리하게 되었다. 회사 생활 중 가장 몰입하며 일한 시간이었다. 누군가가 내 역량을 믿고 기회를 준 덕분이었음을, 그 경험을 통해 알게 되었다.

흩어지는 자리, 변해 버린 회사

회사의 성장은 영원하지 않았다. 경쟁사에 밀려 사업이 축소되었다. 대표가 바뀌며 분위기도 변했다. 사업 확장을 이끌었던 1세대 구성원들은 흩어졌다. 새로운 대표는 다른 계열사 인원을 데려왔다. 주요 관리자와 현장 직원들도 다른 부서로 발령이 나거나 줄 줄이 회사를 떠났다. 권고사직도 이어졌다. 나 역시 일에서 재미를 잃었다.

퇴직을 준비하던 시기에 주변에서 가장 많이 들은 말은 비슷했다.

"오늘 신문 못 봤어? 올해가 역대급이라지만 내년엔 구직난이 더 심해진대. 제정신이야?"

나는 짧게 웃으며 말했다.

"잘됐네. 한참 놀아 보지 뭐."

모두가 취업난을 걱정하던 2008년 겨울, 그렇게 두 번째 직장을 나왔다.

이후 세 번의 이직을 했다. 그만한 상사를 만나지 못했다. 상사에게 실망해 그만둔 곳도 있었다. 적응하지 못해 힘든 시간을 보낸 적도 많았다.

회사 생활을 하며 어떤 상사를 만날지 모른다. 자신의 역량과 마음가짐이 가장 중요하겠지만, 진정한 리더는 숨어 있는 역량을 끌어내 준다. 리더의 역할이 더없이 중요하다는 걸 직접 느끼며 배웠다.

건네고 싶은 온기

최근에 팀장님과 만나 술잔을 기울이며 말했다.

"제가 만난 상사 중 존경스럽고 따라가고 싶은 유일한 분이십니다."

그는 웃으며 고개를 저었다.

"아니, 나도 그때 같지 않았어. 이후에 높은 자리로 갈수록 더 눈치도 많이 보고, 예전처럼 못 했지."

그 한마디에서 자신을 돌아보는 겸손함이 느껴졌다. 다른 상사들은 능력 없이 자리만 지키며 자랑스러워했지만, 그는 달랐다.

이제 팀장님은 직접 대표가 되어 외식 사업을 하고 있다. 비록 예전처럼 함께 일할 수는 없지만, 20년 가까운 세월이 흘러도 술 한잔하며 웃을 수 있는 인연으로 남아 있다는 게 감사하다.

많은 후배가 생겼다. 팀장님에게 배운 걸 실천하기 위해 노력했다. 현장에서의 어려움을 해결하는 걸 최우선으로 두었다. 문제가 생기면 지시만 하지 않았다. 직접 달려가 지원을 나갔다. 실수에 대해 엄격했어도 질책만 하지 않았다. 딛고 일어서도록 기회를 주었다. 도움을 주지 못함에 먼저 반성했다. 그 또한 내 탓이라는 걸 항상 이야기해 주었다. 책임은 내가 감당하면 된다는 마음으로 임했다. 후배들이 부당한 대우를 받는다면 먼저 나섰다. 매 순간 팀장님에게 받은 걸 행하고 있었다. 결정이 모호할 때는 '팀장님이라면 어떻게 할까?' 생각했다.

함께했던 후배들에게 종종 연락이 온다. 나와 있을 때 좋았다. 본인 또한 나에게 배운 걸 실천하고 있다는 얘기를 해 준다. 듣기 좋게 해 주는 말인 걸 안다. 그래도 약간의 진심이 섞여 있다면 고마울 따름이다. 그들도 누군가에게 좋은 리더가 되고, 연결은 이어지고 있다.

마음속에 존경하는 리더를 한 명쯤 만나게 된다. 나에게는 팀장님이 있었다. 팀장님이 보여 준 믿음과 지원이 지금의 나를 만들었다. 덕분에 사람들을 대할 때 조금 더 너그러워졌다. 그때 받은 온기를, 나도 누군가에게 건네줄 수 있기를 항상 바라며 살아가고 있다.

인사이동 TIP

누군가 믿어 주는 한마디가 잠자고 있던 힘을 깨웁니다.

가까울수록 한 번 더 돌아보기

신재원

어두운 등잔 밑을 살펴보니

　재수학원에서 만난 농농이는 십 년 넘게 알고 지내는 오랜 친구이자 의동생이다. 성도 같고 고향도 같다는 동질감에 내가 먼저 농담 반, 진담 반으로 '의남매'를 맺자고 제안했고, 그 후로 우린 급속도로 친해졌다. 가벼운 마음으로 던진 말이었지만 농농이는 이를 진지하게 받아들였고, 우리는 진짜 형제자매 같은 친구가 되었다. 고민이 들 때 종종 "누나라면 이 상황에서 어떻게 행동했을까?" 하고 조언을 구하곤 했다. 내가 추천한 책을 읽고, 내가 하는 공부와 운동을 참고 삼아 따라 하는 농농이. 그는 나를 든든한 누나로 대해 주었지만, 나는 그 신뢰에 제대로 응답하지 못했다. 우정과 마음에도 한도가 있을 수 있다는 걸 그땐 잘 몰랐기 때문이다. 대학에 입학한 후 학과 활동, 동아리, 대외활동으로 만나는 사람들이 폭발적으로 늘어났다. 새로운 사람들을 만나는 게 즐거웠고, 그곳에 에너지를 아낌없이 쏟았다. 관계의 깊이보다 확장에만 몰두했다.

친밀했던 관계와 새롭게 맺은 관계의 경계는 점점 흐려졌고, 결국 가까운 관계에 소홀해졌다. 그럼에도 그는 주기적으로 내 안부를 먼저 물었고, 내가 필요할 때면 언제나 변함없이 응답해 주었다. 돌이켜 보니 등잔 밑이 어두운 것처럼, 너무 가까워서 오히려 그 소중함을 놓치고 있었던 것 같다.

변화의 시작은 인지부터

변화는 나에 대한 깨달음에서 시작되었다. 대학교 4학년이 되면서 취업 준비에 몰두했다. 그동안 쌓아 온 관계들은 하나둘 자연스레 정리되었다. 나를 돌아볼 시간이 생겼다. 많은 모임과 관계들 속에서 에너지가 고갈된 내 모습이 보였다.

그때까지 나는 모든 사람에게 '좋은 사람'이어야 한다고 믿었다. 거절할 용기, 미워할 용기가 부족했다. 사람을 미워하는 게 불편했다. 누군가가 내게 손해를 끼쳐도 그러려니 했다. 나에게는 누군가를 미워하는 건 미움받는 것보다 훨씬 어려웠다. '나 역시 결함투성이인 인간인데 타인을 미워할 자격이 있나?'라는 생각이 들었다. 미운 마음이 생기면 도리어 그런 내 모습이 싫어져서, 애써 참고 마음을 고쳐먹었다. '모든 관계를 다 잘 지켜야 한다.'라는 강박에 사로 잡혀 있었다.

거절이 두려웠다. 혹여나 내 말이 상대의 마음에 상처가 될지 걱정했고, 내 마음이 소진될 때까지 억지로 인연을 이어 가려 애썼다. 상대의 마음이 다치는 것보다는 내가 지치는 편이 낫다고 여겼으니까. 그렇게 나를 찾는 사람은 많아졌지만, 정작 마음은 점점 공허해졌다. 내 안은 너덜거렸다. 결국 나를 가장 무겁게 짓누른 것은 타인이 아니라 스스로 만들어 낸 강박이었는지도 모른다.

나를 마주하는 용기와 특별한 관계가 주는 힘

나에 대한 인지 다음으로 필요한 건, 부족한 점을 마주하는 용기였다. 그래서 나는 농농이에게 인간관계에서 느낀 공허한 마음을 털어놓았다. 나를 오래 지켜본 사람에게서 객관적인 시선을 듣고 싶었기 때문이다. '주변에 평등하게 사랑과 관심을 나누다 보니 특별한 관계가 없는 사람', '모난 데가 없어 누구와도 부딪히지 않지만, 그만큼 누구와도 딱 맞물리지 못하는 원 같은 사람', '늘 중립을 지향하니 적은 없지만, 동시에 아군도 없는 사람'. 그의 솔직한 말 속에서 나는 비로소 나를 객관적으로 바라볼 수 있었다. 하나를 얻으면 하나를 잃게 되는 경우가 많은데, 둘 다 지켜 내려는 욕심 때문에 결국 둘 다 놓칠 수 있다는 것을, 관계에도 선택과 집중이 필요할 수 있다는 것을 그때야 깨달았다.

'넓고 얕은 관계' 속에 머물던 나와 달리, 뇽뇽이는 '좁고 깊은 관계'를 꾸준히 쌓아 가고 있었다. 다행히도 그 소중한 우정 안에 여전히 내가 있었다. 관계를 오래 이어 가기 위해서는 누군가의 크고 작은 노력과 에너지가 필요하다. 바쁘고 힘든 상황에서도 같은 자리를 지킨다는 것은 단순한 의지만으로는 쉽지 않은 일 같다. 시간을 내고 마음을 쓰는 선택이 뒤따라야만 한다. 오랜 친구이자 동생 같은 뇽뇽이는 바로 그것을 실천하는 사람이었다. 덕분에 나는 깊은 우정이 지닌 매력을 알게 되었다. 세월이 흐르면 관계의 색은 변할 수밖에 없지만, 그 색을 가능한 한 오래 지켜 내고 변색된 마음을 다시 복원해 내는 것, 그것이야말로 진정한 관계의 기술이 아닐까 싶다.

힘들 때 떠오르는 얼굴

힘든 일을 겪으면 인간관계가 다시 보인다. 작년에 수술을 받고 7개월간 휴직하면서 나를 돌아보는 시간을 많이 가질 수 있었다. 병실 앞까지 찾아와 준 얼굴들, 멀리서 전화를 걸어 준 목소리들, 이것저것 잘 챙겨 먹으라고 보내 온 선물들이 잊히지 않는다. 뇽뇽이 역시 그중 한 명이었다. 이제 뇽뇽이는 내가 힘든 일이 있거나 고민이 있을 때, 무언가 털어놓고 싶을 때 먼저 생각나는 친구다.

그러다 문득 생각했다. 그가 힘든 순간에 나는 얼마나 그의 곁을 지켜 줬을까. 바쁘다는 이유로 연락을 미루고, 챙기지 못했던 지난날들이 떠올랐다. 내가 필요할 때만 그를 찾은 건 아닌지 마음 한구석이 시렸다. 작년 한 해 몸과 마음이 힘들던 시절을 지나 보니, 그 시간을 함께 견뎌 주는 사람이 있다는 건 정말 큰 힘이었다. 믿음과 신뢰는 단순한 친밀감을 넘어, 나를 다시 일으켜 세우는 자원이었다.

마음속 원의 경계

올해를 시작하며 목표를 하나 정했다. '비워 내기'. 그 안에는 관계도 포함된다. 나를 진정으로 행복하게 해 주는 것들에 대해 생각했고, 그렇지 않은 것들은 과감하게 비워 내고 소중한 것들로만 채워 넣기로 결심했다. 새로운 사람을 만날 기회가 생길 때마다 이제는 자문한다.

"지금 내 곁에 있는 소중한 사람들을 먼저 챙겼나?"

내 마음속에는 이제 여러 개의 원이 생겼다. 관계의 경계가 명확해졌고, 이제 내 에너지를 마음 안쪽에 있는, 소중하고 좋아하는 인연들에 집중하려 한다. 가까운 사람과 연락이 뜸해졌다고 느낄 때도, '모든 관계를 다 잘 지켜야 한다'라는 강박 대신 '이 사람은 놓치고 싶지 않다'라는 마음으로 먼저 연락한다. 가까울수록 더 자주, 더 깊이.

누군가를 미워할 용기

가까워지기 위해서는 용기가 필요하다. 첫째, 아닌 관계들에 대해서 정리하고 비워 낼 줄 아는 용기. 그러려면 누군가를 미워할 용기, 거절할 용기가 필요하다. 둘째, 가까워지려는 관계에 대해 더 관심을 두고 애정을 쏟을 줄 아는 용기가 필요하다. '좋은 사람'이 되려고 모든 관계를 다 시키려 하지 말고, '진짜 좋은 사람'이 되기 위해 소중한 사람에게 더 깊이 다가가야 한다. 어쩌면 누군가를 미워할 용기는 진짜 소중한 사람에게 더 깊이 다가가기 위한 준비였을지도 모른다.

인사이동 TIP

'모든 관계를 다 잘 지켜야 한다.'라는 강박 대신 '이 사람은 놓치고 싶지 않다.'라는 마음으로 먼저 연락해 본다.

그 사람을 사랑하면
그 자체를 이해하게 돼

유혜인

경계를 무너뜨린 그녀

그녀, 율을 만난 건 첫 직장에서다. 결혼하며 퇴직한 선배 자리에 율이 왔다. 퇴직한 선배와 일과 사생활 균형을 잘못 잡아 불편했던 참이었다. 이번에는 일 이외에는 엮이지 않겠다고 마음에 단단한 경계를 쳤다.

율은 나와 전 남자 친구가 묘하게 닮았다고 했다. 그 때문인지 나를 처음 봤을 때부터 깊이 알고 싶었다고 한다. 그 호기심은 단순한 궁금증이 아니라, '너를 온전히 이해하고 싶다'는 애정에 가까웠다.

"헨, 너는 사람들이 왜 질투한다고 생각해?"

"어제 집에 가다가 이런 생각이 났는데…. 너라면 어떻게 느꼈을 것 같아?"

율의 물음은 특별한 사건에서 비롯된 게 아니었다. 그냥 스쳐 지나가는 생각, 길에서 본 풍경, 잠깐의 감정을 꺼내 놓는 식이다. 대답을 망설이면 기다렸고, 내가 웃으면 따라 웃었다. 그 눈빛에는 오래 알고 지낸 친구처럼 나를 반기는 온기가 묻어 있었다. 경계는 조금씩 무너졌다.

율이 남긴 것들

율은 자신의 감정을 투명하게 드러내는 사람이다.
"난 부럽고 배 아파. 질투 나."

놀랐다. 열등감이나 질투 같은 건 숨겨야 하는 '검은 감정'이라 생각했는데, 율은 있는 그대로 내놓는다. 그런 솔직함은 나를 긴장시키면서 안심시켰다. '이 사람은 나를 있는 그대로 받아들이겠구나' 하는 믿음이 생겼다.

서로 생각이 다를 때도 율은 "그렇구나, 신기하다. 왜 그렇게 생각했어?"라며 이야기를 듣는다. 자신의 생각을 강요하지 않는다. 오롯이 판단은 내 몫으로 남겼다. 그 태도에는 내가 틀려도 괜찮고, 변해도 괜찮다는 묵묵한 확신이 있었다. '존중'이라는 걸, 나는 율을 만나 처음 알았다.

1년 후, 둘 다 직장을 떠났다. 우리는 자연스레 시절 인연이 됐지만 괜찮았다. 불안할 때면 마음속에서 '헨, 왜 그렇게 느꼈어? 어떤 마음이었어?' 율이 묻듯 스스로 질문을 던졌다.

애정을 기반한 이해

그 후 나는 사람들과 깊이 닿지 못하고 스치는 관계를 이어 갔다. 용기가 없었다. 관계 방식에 대해 고민하던 어느 날 "사건이 아니라 사람에게 질문해 보세요."라는 말을 들었다. 잊고 있던 그 시절 율이 떠올랐다. 그녀는 언제나 이유보다 마음을, 결과보다 과정을 물었다. 그때, 나를 받아 준 기억이 떠오르니 감동이 물밀듯 올라왔다.

그녀에게 마음을 전했다.

"그때의 나를 보살펴 주고, 마음의 길잡이가 돼 줘서 고마워. 나를 탐구해 줘서 고마워."

그녀가 답했다.

"그 시절 우리가 서로 많이 애정했던 것 같아. 그 사람을 사랑하면 그 자체를 이해하게 되는데, 헨의 어린아이 같은 모습도 늘 안아 주고 싶었어."

'그 사람을 사랑하면 그 자체를 이해하게 돼.'

그 말이 오래 머물렀다. 그 시절 이해가 곧 사랑이었다는 걸 알았다. 애정이 먼저였고, 그 위에 이해와 존중이 세워졌다. 그 존중은 나에게 자유를 줬다. 틀려도 괜찮다는 자유, 변해도 이해받는 자유를. 그때의 애정을 왜 잊고 있었을까. 율은 그때의 나에게도, 지금의 나에게도 언제나 용기를 준다.

율이 그랬던 것처럼 나도 누군가에게 그 자유를 주고 싶다. 애정을 먼저 건네고, 이해와 존중을 얹고 싶다. 그것이야말로 어쩌면 내가 가장 바라는 인사이동의 방식일지도 모른다.

> **인사이동 TIP**
>
> 누군가를 이해하고 싶다면 먼저 애정을 건넵니다. 이유를 묻기 전에 "나는 너를 알고 싶어."라는 마음을 전합니다. 이해와 존중은 애정 위에서 가장 단단합니다.

말없이 손을 잡아 주던 사람

이복선

'진심 하나가 다른 사람의 인생을 어떻게 바꿀 수 있을까?' 이따금 스스로에게 던져 보는 질문이다. 질문을 곱씹다 보니 아주 오랜 시간이 지나서 깨달은 이름 하나, 마음 하나가 있다. 처음엔 무서운 상사였지만, 지금은 그 이름만 떠올려도 가슴이 따뜻해지는 사람. 긍정적인 삶으로 바꾸는 힘이 무엇인지 몸소 보여 준 사람이다.

사수의 꾸지람과 눈물의 창고

스무 살, 사회 초년생 때 시골에서 올라온 나는 도시의 빠른 걸음과 직장의 위계, 규칙 모든 게 낯설었다. 회사와 집만 오가며 하루하루 적응하기에 바빴고, 긴장과 실수가 늘 나를 따라다녔다. 사수이자 담당 선배에게 많이 배우기도 했지만, 계속해서 혼났다. 작은 실수에도 창고로 불려 가 눈물 콧물 쏙 빼고 나오던 날이 한두 번이 아니었다. 동기들 사이에서 날마다 '누가 얼마나, 왜 혼났는지'가 화제였다.

시간이 지나면서 다른 동기들은 선배들과 농담도 주고받으며 웃었지만, 나는 그게 잘 안됐다. 왜 그랬는지는 그때는 알지 못했다. 내 안의 소극적인 성격과 부정적인 마음이 일을 더 어렵게 만들고 있었다. 섬섬 뚝딱거리며 업무를 하시 못했다. 동기들은 밝게 인사하며 업무에 관해서도 능숙하게 이야기한다. 그때마다 나는 한쪽에서 책만 만지작거렸다. 점점 출판사 담당자들과도 어색해지고, 혼자 외톨이가 됐다.

작은 손짓으로 세상과 연결해 준 사람

소극적인 성향을 따뜻하게 품어 준 사람이 바로 선배였다. 조용히 지켜보던 선배는 어느 날부터 출판사 영업 담당자와 마주치는 순간마다 내 손을 잡았다.
"이쪽은 우리 예술 분야 담당자입니다."
나 대신 자연스럽게 인사를 건네고 대화의 자리를 만들었다. 사람을 무서워하고 낯가림이 심했던 내게 세상을 연결하는 작은 다리를 놓아 준 순간이었다.

서점은 출판사 관계자들과 끊임없이 소통해야 한다. 책은 사람 손을 타야 살아나고, 서점 직원은 책과 독자를 이어 주는 역할을 한다. 나는 도서를 진열하고 정리하는 일에는 능숙했지만, 사람과는 서툴렀다. 그런 나를 이해하고, 기다려 주고, 대신 말을 걸어 준 선배. 시간이 지나고 알았다. 그것은 단순한 배려가 아니라 깊은 관심이었다. 선배의 따뜻한 사랑이었다.

인생의 모든 순간을 함께한 든든한 조력자

연애를 시작했을 때, 결혼을 앞두었을 때, 출산을 고민할 때도 선배는 내 옆에 있었다. 한참 나이 차이가 나고 세대도 달랐지만, 늘 긍정적인 조언으로 나를 지지했다. 어려운 결정을 앞두고 있을 때는 현실적인 충고보단 따뜻한 마음으로 등을 토닥였다. 휴대 전화에 선배를 '정신적 지주'로 저장했다. 시간이 흘러 마음이 더 깊어지자 'OO 대표'로 바꿨다. 늘 내 앞길을 밝혀 주는 사람이기에 더 멋지게 성장하길 바라는 마음을 담았다.

암 판정을 받은 날, 머릿속이 복잡했다. 당장에 병을 어떻게 치료받아야 하는지보다 지금의 일상이 무너지는 것이 무서웠다. 그날 선배에게 얼굴 좀 보자며 연락이 왔다. 오랜만에 만났는데 표정이 굳어 있으니 무슨 일 있냐고 물었다. 내 병 이야기를 듣고 나더니 어떡하냐며 눈물을 흘렸다. 그 울음에 아무런 대답을 할 수 없었다. 가족도 울지 않는데, 선배는 내 인생이 참 불쌍하다며 어찌할 바를 몰라 했다.

항암 치료를 시작하면서도 선배는 변함없이 곁을 지켰다. 오히려 가족보다 더 자주 안부를 물었고, 더 마음 아파했다. 컨디션은 어떠냐는 물음에 손에 고름이 차고, 손톱이 빠지고 있다고 말하자, 한참을 말없이 있다가 조용히 말했다. "조금만 더 버티자. 시간이 해결해 줄 거야."라며 살포시 위로해 준다.

멜론이 맛있다고 말한 어느 날, 선배는 멜론을 보내 준다고 했다. 괜찮다고 해도 "입에 당기는 걸 먹어야 해. 그래야 버틸 수 있어."라고 말했다. 그 이후로도 한 달에 두 번은 반찬을 해다 준다. 멸치볶음, 묵은지볶음, 불고기, 매실 김치…. 냉장고가 가득 찼다. 반찬에는 애정이 묻어 있었다. 넘치는 애정에 '내가 여기에 담긴 마음을 다 받아도 되는 사람일까?' 하는 생각도 들었다. 점점 민머리가 되는 내 모습을 보며 선배는 "자주 못 와서 미안해."라고 말한다. "다른 생각 하지도 마. 지금은 너 자신만 생각해."라고 나를 위한다. 가슴이 뭉클해진다. 선배는 늘 내 아픔에 소리 내어 울고, 요리하고, 응원하고 있었다. 건강해지는 것이 선배에게 줄 수 있는 유일한 보답이 됐다.

건강해지면 꼭 하고 싶은 말이 있다.
"그때 선배가 있어서 내가 견딜 수 있었어요."
좋은 날, 몸도 마음도 가벼워진 어느 여행지에서 눈을 마주 보며 꼭 전하고 싶은 말이다. 선배를 통해 진심 하나로 가족 이상의 존재가 되는 따뜻함을 배웠다고. 눈물로 대신한 걱정과 묵묵히 곁에 있는 배려, 진정으로 응원하는 법을 배울 수 있었다고 전하고 싶다. 내 삶에 당신이 있어 참 고맙다고 말하고 싶다.

> **인사이동 TIP**
>
> 나를 위해 눈물 흘려 주는 사람, 시간을 내주는 사람들이 있습니다. 이제는 내가 그 사람들을 위해 눈물 흘리고 위로해 줄 수 있는 사람이 되려 합니다.

안정감 회복,
사랑을 다시 읽다

이윤경

모닝페이지의 300일 여정

2025년 7월 중순, 모닝페이지를 쓰기 시작한 지 300일이 되었다. 매일 아침 눈을 뜨자마자 손으로 3페이지를 써 내려가는 이 작업은 나를 알기 위한 단순한 루틴이었다. 하루를 시작하기 전 머릿속에 떠오른 생각과 감정들을 가감 없이 노트에 써 내려가면 마음이 한결 비워지고 맑아졌다. 생각이 너무 많을 땐 페이지 위에 그 복잡함을 그대로 쏟아 냈고, 마음이 막막한 날엔 단어를 몇 개 뱉는 것만으로도 가벼워졌다. 그렇게 300일을 넘기며 조금씩 나를 알아 가고 관찰하는 법을 배우고 있었다.

나의 부정적 마음의 뿌리를 찾기

모닝페이지는 줄리아 카메론의 책 『아티스트 웨이』에서 처음 알게 되었다. 책에는 '잃어버린 창조성을 되찾는 12주간의 여정'이라는 부제가 붙어 있다. 12주간 모닝페이지를 쓰면 누구나 타고난 창조성을 되살릴 수 있다고 말한다.

최근 『아티스트 웨이』의 30주년 개정판이 재출간되었다는 소식을 들었다. 감사하게도 출판사에서 책을 보내 주셔서 조금 빠르게 읽을 수 있었다. 5년 만에 다시 책장을 넘기며 흐릿해졌던 모닝페이지의 개념을 떠올렸다. 그동안 써 온 기록들이 겹쳐지면서, 처음 가졌던 마음을 다시 붙잡아야겠다는 생각이 들었다. 그래서 나는 이 여정을 다시 시작해 보기로 했다.

1주 차의 주제는 '안정감 회복'이었다. 이 주차의 큰 목적은 내면에 자리한 부정적인 것들의 뿌리를 찾아내고, 그것을 긍정적인 생각으로 전환하는 데 있었다. 살다 보면 우리는 알게 모르게 수많은 '부정적 메시지'를 들으며 자란다. 그리고 그 메시지들이 쌓이면 자신도 모르게 그 말들을 믿게 된다 했다.

나는 1주 차의 미션을 따라 늘 머릿속에 맴돌던 부정적 생각들을 적고 뿌리를 하나하나 찾기 시작했다. '나는 원래 잘 못 해', '나는 느려', '내가 뭘 한다고 해도 성공할 수 있을까?'. 이 생각들의 기억을 거슬러 올라가 보니 그 뿌리는 멀리 있지 않았다. 누군가의 말 한마디, 비교의 순간, 외면당했던 기억들, 뜻하지 않게 질책받았던 장면들이 줄줄이 떠올랐다. 그러다 보니 가장 오래 함께한 가족, 특히 부모님의 무심한 말과 행동이 내 안의 '부정의 씨앗'이 되어 있다는 것을 발견했다. 다른 아이들과의 비교하는 말들이 어린 나에게는 질책과 비교만으로 다가왔던 것 같다. 물론 모든 말들은 조언이자 걱정이었을 것이다. 하지만 나도 모르게 '내가 그런 사람'이라는 정의로 굳어서 버렸다, 그 결과 무엇을 할 때마다 늘 먼저 나 자신을 검열했고, 주저했다. 기대보다는 걱정이 앞서 시도조차 못 해 본 일들이 많았다. 이렇게 한참을 부정적 생각의 뿌리를 찾아낸 뒤, 나는 나 자신을 토닥였다. '이런 상황에서도 꽤 훌륭하게 자란 것 같네!'라며.

오늘의 나를 만든 힘

다음 날 새벽이 되었다. 그날은 모닝페이지를 적기 전 온라인으로 새벽 예배를 드렸다. 목사님은 설교 중 이런 말씀을 하셨다.

> "우리가 오늘을 이렇게 살아갈 수 있는 것은, 결코 우리 힘만으로 된 일이 아닙니다. 누군가의 기도, 누군가의 도움이 있었기 때문입니다."

그 순간, 전날 모닝페이지 위에 적었던 문장들이 스쳐 지나갔다. 가족에게서 받은 상처의 조각들을 떠올리며, 가족을 원망했었다.

그런데 설교를 들으며 생각이 달라졌다. 나를 위해 가장 많이 기도하고 응원해 준 이들도 다름아닌 가족이었다는 사실이 마음에 깊이 와닿았다. 그 깨달음과 함께, 순간 떠오르는 장면들이 있었다.

매일 건네는 엄마의 문자

엄마는 종종 아무 이유 없이 출근한 나에게 문자를 보낸다. '오늘도 힘내', '잘하고 있어', '네가 행복했으면 좋겠어.' 무뚝뚝하고 표현을 잘 못하는 나는 '응', '고마워'라고 답하거나 이모티콘을 보냈다. 되돌아보면 엄마가 나에게 건네는 응원이 처음은 아니다. 초등학생 시절 스케이트 선수를 할 때도 엄마는 매일 새벽, 저녁으로 내 뒷바라지를 하며 할 수 있다고 응원해 줬었다. 고등학교 3학년 시절에는 매일 아침 도시락과 함께 짧은 편지를 써 줬다. 그때는 그 모든 것이 당연한 줄 알았고, 특별하다고 느끼지 못했다.

되돌아보니 그동안 나에게 해 줬던 엄마의 응원을 잊고 있었다. 나를 움츠러들게 했던 말과 행동만 크게 기억하고 있었다. 아직 결혼하지 않았고 아이도 없는 나로서는, 엄마를 온전히 이해하기까지는 시간이 더 필요할지도 모른다. 하지만 시선을 조금 바꾸니 아주 조금은 알 것 같았다. 조심스러웠던 말들, 다그치듯 들렸던 말들 속에 사랑이 없었던 게 아니었다. 다만, 엄마도 사랑을 전달하는 방법이 서툴렀던 것이다.

엄마는 언제나 나보다 더 나를 믿어 주었다. 내가 아무것도 하지 않은 것처럼 느껴지는 날에도 '너는 잘하고 있어'라고 말해 주었고, 내가 무너질 것 같을 때도 '넌 괜찮을 거야'라고 먼저 다독여 주었다. 그 말들이 어느새 내 마음속 깊은 곳을 지켜 주는 든든한 언덕이 되어 있었다. 지금 이 자리에 서 있는 것은, 내가 너무 잘났기 때문이 아니라 엄마를 포함한 가족들의 수많은 응원과 조용한 기노가 있었기에 가능한 일이었다.

시선을 바꾸면 보이는 것들

부정과 긍정은 정말 한 끗 차이다. 나는 오랫동안 그 경계선에서 상처만을 들여다보며 '부정'의 언어로 내 삶을 해석해 왔다. 하지만 조금만 시선을 틀어 다시 바라보니 모든 말 속에는 사랑이 있었고, 응원이 있었고, 무심하지만 깊은 마음이 담겨 있었다.

모닝페이지라는 거울 앞에서 나는 내 안의 부정적인 믿음을 쌓아 올린 기억들을 꺼내어 놓았다. 그리고 그 조각들을 조금 다르게 바라보았다. 안정감은 내가 가진 환경이나 조건이 아니라, 내가 어떻게 바라보고 해석하고 품어 내느냐에 달려 있다는 것도 알았다.

그래서 이제는 부정적인 생각에만 머물지 않기로 했다. 나를 가장 부정적으로 흔들었던 말들이 때론 나를 가장 많이 지켜 준 말일 수도 있다는 것을 받아들이면서 말이다. 그리고 엄마가 내게 남겼던 말처럼, 나 스스로에게도 되뇌어 본다. '삶이 여전히 두려울 수 있지만, 그럼에도 다시 나아갈 힘이 네 안에 있어. 넌 잘하고 있어.'라고.

❦ 인사이동 TIP ❦

시선을 조금만 바꾸면 상처 속에서도 사랑과 응원을 발견할 수 있다.

교사가 되어서 처음 배운 건, 교사가 되는 법이었다

정청한

합격의 기쁨과 아쉬웠던 첫 발령지

임용고시 합격자 발표날이었다. 이른 아침, 친구와 함께 피시방으로 달려가 떨리는 손으로 사이트에 접속했다. 이름과 수험번호를 입력하고 두 눈을 감은 채 조회 버튼을 클릭했다. 잠시 뒤 옆에서 축하한다는 친구의 말이 들려왔고, 그 소리에 살짝 눈을 떠서 결과를 확인했다.

'합격' 그 두 글자를 확인하는 순간, 그동안 경험해 본 적 없는 벅찬 기분이 몰려들어 왔다. 기쁜 마음에 소리를 질렀다. 두 평 남짓한 고시원에 살며 새벽마다 독서실로 향했던 지난날이 머릿속을 스쳐 지나갔다. 드디어 나도 부모님께 자랑스러운 아들이 된 것 같아 뿌듯했다. 하지만 그 행복은 며칠 가지 못했다.

발령지: 포천

고시생일 땐 섬에 발령이 나도 좋으니 붙여만 달라고 간절히 기도했었다. 그런데 막상 발령지를 확인하고 나니, 사람 마음이 이렇게 간사할 수 있나 싶었다. 포천은 살아오며 거의 가 본 적도 없는 곳이었다. 집과의 거리는 멀지 않았지만, 도시의 직장인으로 살고 싶던 내게는 상당히 아쉬운 배치였다.

선생님과의 첫 만남

'2년만 버티고 나가자.' 결심하고 포천교육지원청으로 향했다. 축석고개를 넘자, 한층 차가운 공기가 느껴졌다. 발령장을 받고 나오니 부장님이 직접 마중을 나와계셨다. 첫 만남에서 따뜻한 미소를 건네던 모습이 인상 깊었다. 학교로 가는 길, 부장님과 많은 대화를 나누었다. 호탕한 성격으로 대화를 잘 이끌어 주셔서 긴장이 조금은 풀리는 듯했다.

부서에는 총 일곱 명의 선생님이 있었다. 모두 마음이 넓고 유쾌한 분들이었다. 덕분에 방학 때마다 함께 여행을 갈 만큼 분위기가 좋았다. 직장 동료와 쉬는 날에도 어울린다는 게 지금 생각하면 놀랍지만, 당시에는 당연하게 느껴졌다. 2년만 버티자는 결심은 오래 가지 못했다. 나는 그렇게 6년을 포천에 있었다.

그중 첫인상이 유독 기억에 남는 선생님이 계셨다. 까무잡잡한 피부에 동그란 안경, 무엇보다 나를 '신입'이 아닌 '동료'로 대해 주는 그 눈빛에서 묘한 신뢰가 느껴졌다. 사소한 말투나 행동에서 나를 존중해 준다는 느낌을 물씬 풍기던 분이었다. 왠지 모르게 함께 있으면 기분이 좋아졌다. 며칠 학교에서 근무하다 보니 선생님에 대해 이야기를 듣게 되었다. 모두가 입을 모아 최고라며 칭찬을 아끼지 않았다. 그래서인지 나도 모르게 그분을 닮고 싶어졌다.

행동으로 배우는 진정성

선생님은 내가 모르는 걸 물으면 마치 자기 일처럼 자세히 알려주셨다. 학생들을 대할 땐 한없이 따뜻했지만, 잘못이 있으면 단호하게 꾸짖었다. 그래서인지 문제 학생들도 이상하리만치 선생님 앞에서는 순해졌다. 학부모님들에게도 인기가 많았다. 상담하고 나면 모두 선생님의 편이 되어 돌아갔다. 그 힘은 아마 진정성에서 나온 것일 것이다. 한번은 집안 형편이 어려운 학생이 있었다. 선생님은 말없이 라면 한 상자를 들고 그 집을 찾아가 상담하셨다. 그 모습은 어렸을 적 봤던 영화 〈선생 김봉두〉를 떠올리게 했다. 영화처럼 조용하고 따뜻했다.

회식 자리에서도 선생님은 나의 스승이었다. 연장자를 대하는 태도, 농담에 맞서는 여유, 후배를 배려하는 대화까지. 나는 곁눈질로 배웠고, 잊지 않으려 애썼다. 단둘이 마시는 자리에서는 항상 선생님이 계산했다.

"내가 예전에 형들한테 많이 얻어먹었어. 샘도 나중에 동생들 만나면 많이 사 줘."

한사코 같이 내자는 제안을 거절하며 웃으시던 그 말이 지금도 남아 있다. 그래서일까. 그 후로 동생들과 술자리가 있으면 계산하게 된다. 조금 무리가 될 때도 있지만, 그런 내 모습이 싫지 않다.

사람 관계의 디테일에 대해서도 많이 배웠다. 선생님은 대화를 나누다 보면 항상 본인을 낮추면서 상대방을 치켜세워 주곤 했다. 괜히 '내가 정말 대단한 사람인가?'라는 착각이 들 정도였다. 그런 대화의 기술과 선생님 특유의 유머러스함은 아무리 노력해도 좀처럼 잘되지 않는다. 이 글을 쓰게 되며 전화를 드렸을 때도 처음에는 거절하셨다. 마지못해 "이왕 쓰는 거 거짓말 팍팍 넣어서 훌륭한 사람처럼 써 줘!"라며 유쾌하게 대답해 주셔서 한결 마음이 편해졌다.

지금 돌이켜 생각해 보면 내 생활 곳곳에 선생님의 흔적이 스며들어 있다. 지금도 문제가 생길 때면 속으로 '선생님이라면 어떻게 하셨을까?'를 생각하곤 한다. 함께 근무했던 5년 동안 진정성을 배웠고, 겸손한 리더십을 배웠다. 요즘에도 종종 선생님께 전화한다. 그럴 때마다 "이게 누구야!" 하며 반갑게 반겨 주시는 목소리에서 왠지 모를 든든함이 생긴다.

나도 누군가의 기억에 남는 사람이 되고 싶다

첫 발령지였던 포천은 기대와는 거리가 먼 곳이었다. 하지만 그곳에서 만난 한 사람이 내 교직 인생을 통째로 바꿔 놓았다. 지금도 교단에 설 때면 그분의 모습이 떠올라 마음속으로 다짐한다.

'나도 누군가의 기억 속에 남는 사람이 되자.'

그분을 보며 깨달았다. 교사는 단순히 지식을 전달하는 사람이 아니었다. 말투와 행동 그리고 삶을 대하는 태도에서 묵묵히 가르침을 주는 사람이었다. 나는 교사가 된 후에야 교사가 되는 법을 배웠다.

> 🍬 **인사이동 TIP** 🍬
>
> 저는 선생님께 작은 말투 하나, 행동 하나에도 진심이 담기면 상대가 크게 느낀다는 걸 배웠습니다. 그래서 저도 어떤 질문을 받으면 가볍게 넘기지 않고, 시간을 내어 끝까지 설명하려고 합니다.

그저 스치는 인연이라고 생각했는데

최고은

주미와 첫 만남은 수험 생활 때였다. 다른 반이지만 오가며 얼굴이 익숙해질 때쯤 주미가 갑자기 학원을 그만둔 후, 수능 때까지 주미 소식은 알 수 없었다. 대학 입시 결과가 나온 후, 우리가 같은 대학에 진학하는 걸 알았다. 주미가 눈을 낮추어 대학에 진학한 건지 내가 잘 풀린 건지 모르지만, 똑똑한 그녀와 같은 대학에 진학하다니 신기했다. 친하지 않았기에 따로 연락하지 않았는데 우연히 다시 만났다. 같은 지역에서 같은 학원에 다녔는데, 나와 같은 과 친구의 룸메이트라니!

상처를 공유한 사이

졸업 후 바로 취업하지 못한 우리는 상처를 안고 각자 부모님 집으로 돌아갔다. 다시 시작된 취업 준비. 동향이었던 주미와 나는 한 달에 한 번 만나 스터디를 했다. 스터디를 빙자한 간식 먹고 수다 떠는 시간이었다. 그해 나는 취업에 성공해 서울로 왔고, 주미는 1년 더 준비하게 됐기에 조심스러워 먼저 연락하지 못했다.

다행히 주미도 다음 해에 취업해 서울로 왔다. 일하는 동네가 달라 우리는 가끔 연락을 주고받으며 지냈다. 손재주가 많은 주미는 다양한 취미를 즐겼다. 서예, 베이킹, 필사, 목공에 등. 그런 그녀를 보며 '참 다재다능하다' 생각했다. 내가 관심 있는 음악에도 관심이 있었다. 함께 연극과 전시를 보고, 악기 연주를 하고, 음악회도 갔다.

주미와 함께할수록 '주변 사람들을 잘 챙기고 나눈다.' 하고 생각했다. 그녀는 항상 베푸는 사람이었다. 취업한 지 5년쯤 됐을 때, 공황 증상으로 갑자기 눈물 흘리는 순간이 많았다. 겨울의 차가운 바람에 마음도 시렸다. 멀리 있는 부모님한테 걱정을 끼칠 수 없었다. 같은 일을 하는 주미에게 나의 힘듦을 털어놓았다. 추운 겨울 밤, 고맙게도 주미는 나의 마음을 보듬어 줬다. 그녀가 겪고 있는 가족의 아픔도 털어놓았다. '나 못지않게 그녀도 큰일을 겪고 있었구나.' 둘 다 힘들었던 시절 함께 남산에서 맛있는 저녁을 먹고, 전망대에서 노을을 봤던 그 겨울이 기억난다.

심리적 거리 두기

10여 년 넘게 이어 온 우리에게도 위기가 있었다. 한창 입덧이

심했던 임신 기간. 퇴근하고 오면 침대에 쓰러져 자기 바빴다. 회사에서 힘들었다던 주미 말에 공감할 여유가 없었다. 주미랑 이야기하다가 지인인 김철수 씨를 김철수라고 했다.

"친구도 아닌데 호칭 제대로 해 줘."

평소라면 나의 실수로 인정했을 텐데, 여유가 없던 나는 마음이 많이 상했다. 코로나19로 사회적 거리 두기를 하던 시절, 고민 끝에 그녀와 심리적 거리를 두기로 했다. 가끔 생각나서 먼저 연락해 보려다 괜히 내가 상처받을까 봐 멈칫했다. 나중에 안 사실이지만, 그녀와 심리적 거리를 두던 때 그녀도 바쁜 일이 있었다고 한다. 이사 준비로 집 알아보러 다니라 정신없었단다. 일이 바빠서 가까웠던 사람들과 관계가 멀어지는 경우가 있는데, 주미와 내가 잠깐 그랬던 거였다.

다음 해 봄, 나도 이사를 결심했다.

"우리가 조금만 더 가까이 살았으면 맛있는 간식을 자주 갖다줄 텐데… 필요한 생필품은 대용량으로 사서 나눌 텐데…"

입버릇처럼 했던 말이 씨가 된다고, 주미가 사는 동네로 이사를 하게 됐다. 용기 내 주미에게 연락했다. '예전에 빌린 소중한 악기를 돌려주려고 하는데, 시간이 괜찮아?'라고. 출산을 앞둔 나를 배려해 그녀는 40분이 걸리는 우리 집까지 왔다. 더운 날씨에 땀을 흘리는 그녀에게 고마움과 미안함이 가득했다. 그렇게 우린 다시 연락을 자주 주고받기 시작했다.

멀어진 관계를 다시 이어 갈 수 있었던 것은 먼저 연락하는 것이었다. 순간 감정이 앞섰지만, 시간이 지날수록 주미가 소중한 인연이라 생각했다. 잠깐 멀어지더라도 관계를 놓지 않는다면 언제든 다시 이어진다.

서로에게 힘이 되다

출산 후 가족 외에 제일 먼저 아기를 보러 온 주미. 50일밖에 안 된 아기를 보는 건 처음이라고 떨린단다. 주미와 아기와의 첫 만남에 나도 떨렸다. 선물로 운동화를 사 왔다. 역시 주변 사람들을 잘 챙기는 주미다웠다. 아기를 낳고 혼자 자유롭게 외출할 수도 없었다. 그래서 산후 우울증이 많이 온다고 하던데, 주미 덕분에 우울증이 생길 겨를이 없었다. 밖에 나가지 못하는 나를 위해 맛있는 간식이 생기면 퇴근길에 들러서 챙겨 주고 갔다. 집에 놀러 와서 아기를 안아 주고, 함께 차 마시며 잠깐이라도 이야기를 나눴다. 그 해 가을, 그녀는 회사에서 너무 힘들어서 대상포진을 앓았는데, 아기 안고 돌봐 주면서 많이 힐링했단다. 그렇게 말해 주니 어찌나 고마운지. 그녀의 차에 카시트를 설치하고 6개월 된 아기와 근교로 나들이를 갔다. 아기 데리고 외식이라니, 용감했다. 덕분에 아기 엄마들이 많이 가는 아울렛에도 갔다. 점심 먹고 구경만 하는 줄 알았는데, 갑자기 아기 선물이라고 옷을 준다. 동생이 다른 성별이더라도 입을 수 있게 중성적인 옷을 골랐단다. 그녀의 세심함에 또 한 번 놀랐다.

이제는 가족 같은 사이

어느덧 주미와 알고 지낸 지 20년이다. 같은 지역에서 일하고 같은 동네에 살고 있어 수시로 챙겨 주는 주미. 내가 생각하지 못한 부분까지 챙길 때가 있어, 그 마음 씀씀이와 생각에 감탄할 때가 많다. 그런 주미에게 나도 뭔가 해 주고 싶은데, 그만큼 못 챙겨서 미안하고 고맙다.

주미는 우리 엄마와도 친하다. 주미 엄마도 나와 친해 우리 아기를 예뻐해 주는 걸 보며 가족이 더 는 것 같아 든든하다. 작년엔 주미, 나, 아기 셋이 사진을 찍었다. 그리고 1년에 한 번씩 함께 사진 찍기로 했다. 올해는 언제 찍을지 이야기를 못 나눴는데, 촬영 날짜를 맞춰 봐야겠다. 주미에게 받은 마음을 잊지 않고 오랜 시간이 걸려도 돌려줄 수 있길 바란다.

친하게 지내던 친구와 잠깐 거리를 둔다고 해서 관계가 끊어지는 건 아니었다. 멀어졌다가도 다시 가까워질 수 있다고 생각했다. 마음이 상한 채로 계속 가까이 지내려 했다면 다른 상처를 입었을지도 모른다. 이젠 가족 같은 사이다. 억지로 챙기기 보단 생각날 때 한 번씩 더 들여다본다. 서로 삶을 응원하고 나이가 들어서도 함께 행복하게 지냈으면 좋겠다.

인사이동 TIP
잠깐 어색해졌더라도 계속 생각나면 먼저 연락합니다.

나를 지켜 주는 사람들

최샐리

친구 없는 사람

나는 친구가 많지 않은 사람이다. 가족들마저 농담처럼 "너는 친구 없는 사람이지?" 하고 놀리곤 한다. 초등학교, 중학교 시절의 친구들과는 이미 오래전에 연락이 끊겼고, 지금은 연락처조차 알지 못한다. 내 곁에 남아 있는 건 오직 고등학교 시절, 중창단에서 함께 노래하던 친구들뿐이다. 대학교 때는 가까운 친구들이 있었지만, 졸업 무렵 거리가 멀어졌다. 학점도 썩 좋지 않았던 내가 가장 먼저 대기업에 입사하면서 자연스레 관계가 소원해졌다. 그 당시엔 친구들이 나를 피하는 것 같아 서운했었지만, 시간이 흐른 뒤에서야 깨달았다. 그건 단순히 내가 운이 좋았던 것뿐인데, 친구들로서는 충분히 질투할 만한 상황이었다는 것을.

나는 졸업과 동시에 회사에 들어갔고, 곧 결혼도 했다. 친구들을 만날 여유는 물론, 마음의 공간조차 남아 있지 않았다. 회사에서 인정받기 위해 치열하게 일했고, 세상에 막 태어난 아이를 돌보느라 하루하루가 숨 가빴다. 그렇게 나의 20대는 정신없이 흘러가 버렸다.

무너져 버린 건강

어느 날인가부터 몸이 무너지기 시작했다. 장시간 앉아서 팔을 혹사하는 일을 계속하니 목과 허리가 버티지를 못했다. 삼십 대 초반부터는 통증이 일상이 되었다. 파스 냄새는 내 하루의 배경이었다. 그렇게 나는 '미영'을 처음 만났다.

미영은 우리 회사의 간호사였다. 과로와 스트레스로 거의 매일 두통과 근육통에 시달리던 나는 자주 의무실을 찾았다. 처음 몇 달은 인사만 나누고 파스나 두통약을 받는 단순한 관계였다. 미영은 조심성이 많아 사람에 대한 경계가 깊었다. 오랫동안 우리는 서로의 선을 넘지 않았다. 일 년쯤 지났을 무렵, 내 건강이 점점 악화되니, 미영은 마치 자기 일처럼 내 상태를 걱정했다. 늘 지쳐 있던 나를 세심하게 챙겨 주었고, 가족 이야기를 함께 나누면서 좀 더 가까워졌다. 마음의 벽이 무너지자 우리는 동료를 넘어 친구가 되었다. 비슷한 시기에 워킹맘으로서 같은 고민을 안고 있었던 것도 큰 공통점이었다.

새로운 우정

미영은 본래 사람에 관한 관심과 배려가 깊은 사람이었다. 보통 사람들은 누가 잘되면 겉으로는 축하하면서도 속으로는 질투한다. 하지만 미영은 달랐다. 이십 년 넘게 가까이 알고 지내면서 단 한 번도 다른 사람의 험담이나 질투를 하는 모습을 본 적이 없다. 처음엔 그서 성격이라고 생각했지만, 많은 사람과 관계를 겪어온 지금은 알 수 있다. 그녀는 전혀 평범하지 않은 사람이었다. 우리는 단짝이 되었고, 비밀 없는 사이가 되었다. 2년 후, 나는 그녀의 집 근처로 이사를 했다. 퇴근 후엔 함께 운동도 했다. 주말엔 아이들 학원 이야기로 수다를 떨며 사우나도 같이 다녔다. 그렇게 우리는 진짜 절친이 되었다.

아쉬운 인연

운동센터에서 우리와 마음 잘 맞는 두 사람을 더 알게 되었다. 공교롭게도 두 사람 모두 이름에 '은' 자가 있어 우리는 그들을 '은방울 자매'라고 불렀다. 우리 넷은 말 그대로 '찰떡궁합'이었다. 넷이 만나면 웃음이 끊이질 않았다. 함께 시간을 보내면 하루의 피로가 눈 녹듯 사라졌다. 나이는 조금씩 달랐지만, 저녁마다 운동하며 거의 매일 만났다. 우정은 나날이 깊어졌다. 지금 회상해 보면 치열하지만 즐겁고 바쁘게 지냈던 시간이었다. 각자 바쁜 시간 중에서도 넷이 매월 곗돈을 모았다. 일 년에 한 번은 해외여행도 갔다. 남들이 엄청나게 부러워하는 단단한 관계였다. 서로의 가족에 대해서도 모두 알고 지냈다. 서로 어려운 일이나 힘든 일에 진심으로 걱정하고 위로하는 관계였다. 그렇게 십 년을 정말 잘 지냈다. 그러다 작은 오해가 있었다. 지금 생각해도 정말 '사소한 오해' 하나로 균열이 생겼다. 그중 한 명이 우리와 절교를 선언했다. 그 일은 내게 너무나 충격이었고, 슬펐다. 전화를 걸어 설득했다.

"우리가 함께한 십 년이 이렇게 쉽게 끝날 수는 없잖아." 그녀는 단호했다. 결국 넷은 셋이 되었다. 한동안 남은 우리는 적응하지 못했다. 네이버 밴드 속 사진과 추억을 들여다보면, 여전히 젊고 웃음 많던 우리 넷이 그대로 남아 있었다. 하지만 셋만의 시간은 다시 흘렀고, 이제는 미영과 은경, 나는 더 각별한 친구로 남았다.

단단한 관계로 다시 태어나다

어느새 우리가 셋이 된 지도 6년이 넘었다. 이제는 16년의 추억을 함께 쌓아 온 든든한 친구다. 지금도 미영과 은경은 사회생활하며 만난 둘도 없는 '내 사람'들이다. 결혼과 출산 이후 만난 친구와 이렇게 오랜 세월 함께한다는 건 정말 특별한 일이라고 생각한다. 그 우정이 가능했던 건 미영과 은경의 배려 덕분이다. 늘 바쁜 내 일정을 맞춰 주고, 내 이야기를 가장 먼저 들어 주며 함께 고민해 준다. 그래서인지 이제는 새로운 관계를 더 넓히고 싶은 마음보다 지금 곁에 있는 사람들에게 더 잘하고 싶다는 마음이 더 크다. 나의 삼십 대와 사십 대를 치열하게 함께해 준 미영과 은경에게 이렇게 전하고 싶다.

"내가 더 잘할게. 고맙고 사랑해, 언니들."

🍬 인사이동 TIP 🍬

친구는 학창 시절에만 만나는 것이 아니더라고요. 인생의 어느 순간, 뜻밖의 자리에서 평생 함께할 '내 사람'을 만날 수도 있어요. 인연을 소중히 생각하면서 하루하루를 살아가려고 합니다.

내가 하면 피드백, 네가 하면 잔소리

최민욱

비가 많이 내리던 날이었다. 직속 임원에게 많은 지적을 받아 자존감이 무너질 대로 무너졌다. 아무것도 하기가 싫어서 세 시간 뒤의 저녁 약속을 취소하고 집에 가서 쉬고 싶었다. 저녁에 보기로 한 선배에게 미안하다고, 다음으로 약속 미루자고 1분만 통화하려 했는데, 선배가 말을 워낙 잘 들어 주다 보니 전화가 1시간 넘게 이어졌다.

지금 하는 일에 대한 불만과 임원에 대한 서운함이 분수처럼 터졌다. 일주일 뒤 약속인 줄 알고 있던 선배는 오늘 일정은 바꿀 수 있다며 만나자고 했다. 속이야기를 풀어놓아 마음이 누그러진 나는 그러자며 '내가 이 비를 뚫고 가겠다!'라는 농담까지 하는 여유를 부렸다.

듣고 싶은 말 vs 하고 싶은 말

소주 한잔과 함께 다시 또 불만과 서운함을 풀어냈다. 헤드헌터인 선배는 상사에 대한 불만은 공감하고 화내 주지만, 이직 권유는 하지 않았다. 내심 약간의 기대를 했던 나는 '옮기기엔 나이가 많긴 하지. 아쉽다고 생각하지 말자. 오늘은 그런 자리가 아니잖아!'라고 나를 다독였다. 그러던 중 선배가 웃으며 말 한마디를 던진다.

"너는 어떻게 하루도 안 빼고 블로그 글을 계속 쓸 수 있는 거냐? 나는 맨날 아내한테 한 소리 듣는다. 뭘 한 번 하면 꾸준하게 하질 못한다고. 넌 진짜 대단한 것 같아."

선배와 재작년에 만나 각자 생각하는 미래 모습을 이야기했었다. 선배는 스마트스토어를, 나는 강사가 되기 위한 블로그 글쓰기를 말했었다. 내 블로그를 쭉 봐 왔다고 했다. 사실 선배는 그 이후 스마트스토어를 꾸준히 키워 월 수백만 원의 부수입을 내고 있었다. 포털에 응모하여 장기 소설을 연재한 적도 있다. 뭔가 한 번 하면 성과를 내는 사람이라 내심 부러웠다. 게다가 작년에는 진급도 했다며 소식을 전하길래, 약간 배가 아프기도 하던 참이었다.

"그럼 뭐 해요. 수년 동안 블로그에 하루도 빠지지 않고 글을 썼지만, 와서 글을 읽는 분은 별로 없어요."라는 말에 어이없다는 듯한 미소를 머금고 2초 동안 나를 바라보던 선배는 "너는 노력을 안 하잖아. 다른 사람들 블로그 들어가서 보냐? 댓글은 남겨? 나는 요즘 글을 잘 안 써서 별로 안 오긴 하지만, 그래도 글 남기면 여기저기서 300명씩은 보러 와. 네가 먼저 정성을 쏟아야지!"라는 말을 툭 던진다.

생각해 보니 그랬다. 내가 바로 애덤 그랜트의 책 『Give and Take』에서 말하는 테이커였다. 맨날 말은 'Give without Take'라고 해 놓고선 받으려고만 했다. 글만 써 놓으면 알아서 보러 올 줄 알았나 보다. "유시민 아저씨가 사람 여럿 버려 놨네요." 하며 웃으며 넘겼는데, "네가 정성을 쏟아야지."라는 말이 계속 생각난다.
'왜 그렇지? 이거 처음 듣는 말도 아닌데? 이 선배가 해서 그런가?'

믿음이 가는 피드백의 조건

그 선배에 대한 믿음이 있다. 나와는 달리 일단 하면 성과를 내는 사람이고, 섣불리 다른 사람한테 충고하지 않았다. 나의 행동을 분석하면서 잘했다, 못했다고 평가하지 않고, 진심을 툭 말했다. "나는 이렇게 생각하지만, 받아들이는 건 네 몫이야."라는 듯이.

나는 그렇게 할 수 있는 사람인지 생각을 해 본다. 자꾸 "나는 이렇게 하니까 되던데? 너도 이렇게 해 봐. 일단 해 보고 나중에 피드백 줄게."라고 했던, 상대방은 원하지 않은 나의 선한 의도가 생각났다. 나는 좋은 의도지만, 상대방이 원하지 않는다면 그건 좋은 피드백이 아니다.

말하고 싶은 것보다 상대가 듣고 싶은 것을 말해야 한다.

"네가 정성을 쏟아야지."라는 말은 선배가 나한테 한 잔소리다. 블로그 이웃들에게 정성스럽게 댓글 남기지 않는다는 말은 더욱 그렇다. 하지만 선배는 많은 이야기를 들어 준 후, 한마디만 할 뿐이다.

피드백과 잔소리의 차이

대부분 주는 사람은 피드백이지만 듣는 사람에게는 잔소리다. 유난히 지적을 엄청나게 받았던 그날, 임원으로서는 얼마나 내가 안타까웠을까. 그래서 한 시간 동안 피가 되고 살이 되는 '피드백'을 준 거다, 그렇지만 듣는 나로서는 수용이 안 되는 '잔소리'다. 그래서 듣는 사람 입장에서도 '피드백이라고 생각되는 조언'을 줄 수 있는 지인이 있다면, 엄청난 자산이고 복이라 생각한다.

진짜 피드백은 일장 연설이 아니다. 상대방의 말을 충분히 들어 주고, 진심에서 우러나오는, 딱 한마디를 하는 것이다. 말하고 싶을 때보다 상대방이 들을 준비가 되었을 때의 한마디가 효과 있다.

이쯤에서 솔직히 말하면, 그 선배에게 피드백을 듣고 기분이 좋지만은 않았다. 나를 생각해 주는 걸 알면서도 여전히 다 크지 못한 '미생'이기 때문이다. 나중에 글을 쓰며 복기를 해 보니, '완생'으로 나아가는 걸 도와주는 고마운 사람이었다. 하나 더 솔직히 말하면, 그 선배는 국내 최대 헤드헌터 업체의 전무다. 혹시나 색안경을 끼고 볼까 봐 마지막에야 그분의 직급을 밝힌다.

🧿 인사이동 TIP 🧿

누군가에게 피드백하고 싶을 때, 먼저 이런 질문을 던져 봅시다.
1. 상대가 듣고 싶어 하는 말일까?
2. 한마디로 요약한다면 어떻게 할 수 있을까?

제 4 장
사랑을 선택한 사람

키다리아줌마의 사랑

김경서

한밤중 초인종

깊은 밤 1시, 고요를 찢는 초인종 소리가 설잠을 깨운다. 순간, 심장이 움찔하며 정신이 또렷해진다. '또 오셨구나.' 나는 곧바로 문을 열지 않는다. 늘 그랬듯, 초인종이 울린 뒤 10분 안에 문자가 온다. '현관 앞에 복숭아와 깻잎전을 두었습니다.' 문자를 확인한 뒤에야 조심스레 현관문을 연다. 받는 이는 언제나처럼 '한은석'. 도시 불빛으로 어슴푸레한 복도, 인기척 없는 문 앞에 놓인 선물을 들인다. 처음엔 두려움이 앞섰지만, 시간이 쌓이자 오래된 의식처럼 익숙해졌다.

이 모든 건 11년 전 시작됐다. 이사 온 직후, 한은석 앞으로 택배가 도착했다. 이 집 전 주인이 한은석이다. 처음에는 주소 착오라 생각하고 한은석에게 연락했다. '그런 사람 모른다'는 뜻밖의 대답을 반복했다. 이상했다. 이름은 정확했고 의문은 커졌다. 지금까지 제철 과일과 음식은 해마다, 계절마다, 한 번도 거르지 않고 도착하고 있다. 글을 쓰는 순간에도 알림이 왔다.

'초복날 현관 앞에 수박과 전복을 배달해 놓았습니다. 맛있게 드시고 만수무강하십시오. 사랑합니다. 권미순 드림.'

나는 그녀를 '키다리아줌마'라 부른다.

거부의 시간

처음엔 무서웠다. 아무리 포장된 음식이라도, 모르는 사람이 보낸 것을 먹을 순 없었다. 한동안은 모두 버렸다. 이후엔 경비실에 맡기고, 경찰에 신고했다. CCTV 영상을 뒤져 사진과 함께 경고문을 붙이고, 강하게 항의도 했다. '한은석은 이 집에 살지 않습니다. 제발 보내지 마세요!'

선물 박스 안에는 언제나 그녀의 명함이 있다. 문자를 보냈다. 한은석은 이사 갔으니 더 이상 음식을 보내지 말라는 요청이었다. 답변은 없었다. 그때부터 음식을 놓고 간다는 문자가 내게 오기 시작했다. 나를 '한은석'으로 저장해 버린 듯했다. 수서 경찰서도 도움이 안 됐다. 의심을 이유로 시민을 조사할 수는 없다는 논리다. 달리 방법이 없었다. 나는 아니라고 반복했지만, 그녀는 끝내 그를 보고 있었다. 문 앞엔 늘 선물 꾸러미만 남는다. 복도는 고요하고, 나는 그 고요 속에서 묘하게 몸을 움츠린다.

그녀와 대면하기 위해 쏜살같이 달려 나간 적도 많았다. 벨이 울리자마자 현관문을 열어젖히지만, 복도는 늘 비어 있었다. 남은 건 바닥에 놓인 상자와 급히 사라진 기척뿐이다. 엘리베이터를 열어둔 채로 벨을 누르는 민첩함도 있었다. 대면을 피하는 것이다. 특별한 메시지도 받았다. 손녀가 백일이라며 떡과 음식을 보내왔다. 문자에는 아기 사진이 함께 실려 있었다. 나는 한참 동안 그 사진을 들여다봤다. 그녀와 한은석 그리고 손녀 사이의 관계가 무엇인지, 미묘한 연결 고리가 궁금해졌다. 확인할 길은 없다.

음식은 멈추지 않았다. 오히려 빈도는 더 잦아졌다. 1년에 대여섯 번이던 선물은 이제 한 달에 두세 번으로 늘었다. 새벽 6시, 밤 11시, 혹은 1시. 초인종은 더 자주 울렸고, 그것은 마치 그녀 자신의 의지를 새기는 행위 같았다. 나는 선을 그었지만, 그녀는 넘었다. 대화는 없지만 싸움도, 무시도 아닌 묘한 기류만이 흐른다.

멈추지 않는 마음

그녀는 아직도 내 집에 그가 산다고 믿는 걸까. 어쩌면 사라진 기억을 확인하려는 행동일지도 모른다. 이 집에 그가 있건 없건 여전히 그를 사랑하고 있다는 사실을 보여 주려는 의식일 수 있다.

매번의 초인종 소리는 '나 여기 있어요!'라는 자신을 향한 외침처럼 들린다. 더 이상 말이 통하지 않는 대상 앞에서 나는 선택할 수밖에 없었다. 싸울 것인가, 받아들일 것인가. 내 선택은 '공존'이었다. 버리던 음식을 감사히 먹고, 계절의 맛이 든 봉투를 열며 무슨 음식일지 궁금해한다. 이웃과 나누면 이상하게도 그녀의 마음이 전해지는 듯한 기분을 느낀다. 직접 담근 김치, 주말농장에서 딴 상추, 박스 위의 성실한 손 글씨. 모두가 손수 정성을 들인 그녀의 흔적이다.

'존경하고 사랑합니다. 건강하세요.'

반복되는 문자 인사는 세월과 함께 더 깊어진다.

그녀가 보내는 건 음식이 아니라 기억일 수 있다. 사라지지 않기를 바라는 마음, 존재를 잃지 않으려는 몸부림일 수 있다. 그녀의 사랑은 정해진 이에게 닿지 않아도 멈추지 않는다. 그 마음은 건네는 행동 속에 머물고 있다. 집착과 사랑은 늘 맞닿아 있다. 그녀의 마음은 매달림보다 고요한 묵묵함에 가깝다. 그 묵묵함은 나를 불편하게도, 동시에 경외하게도 만든다. 누군가를 향한 마음은 결국 자기 자신을 붙드는 끈이다. 나는 그 끈을 통해, 사랑의 깊이를 배운다. 대가 없이 흐르는 사랑이 있음을 확인한다. 그녀를 보며 문득 생각한다. 어쩌면 나 또한 누군가의 기억 속에 매달려 있지 않을까. 나를 기억하며 마음을 붙들고 있는 사람이 있다면, 그 기억 속의 나는 어떤 모습으로 남아 있을까.

그녀의 해피 엔딩을 위해

여전히 그녀의 사연은 알 수 없다. 다만 한 가지는 분명하다. 그녀는 사랑을 선택한 사람이다. 오늘도 그녀는 새벽 시장에서 한은석을 떠올리며 음식을 준비했을 것이다. 익숙한 길을 걸어와 익숙한 문 앞에 조심스레 내려놓고, 초인종을 눌렀을 것이다. 이윽고 문자를 보내며 그 마음을 완성했을 것이다. 질문이 맴돈다. 이 사랑은 어디까지 흐를까. 어디서 멈출까. 답은 알 수 없다. 언젠가 멈춘다면, 그것은 끝이 아니라 마침내 그녀의 사랑이 닿았기 때문이기를 바란다. 그녀는 행동으로 말한다. 사랑은 대답이 없어도 이어질 수 있다고. 나는 지금 그녀의 사랑과 함께 살고 있다. 오늘도, 내일도 그리고 그녀가 멈추는 날까지. 그녀의 해피 엔딩을 꿈꾼다.

> **인사이동 TIP**
>
> 닿지 못해도 멈추지 않는 사랑은 끝내 사라지지 않습니다. 그 사랑은 누군가의 기억 속에서 오래도록 살아 있습니다.

서운한 감정은 품고
책임을 선택한 사람, 엄마

김수인

보호하고 지켜야 할 존재, 사랑받고 싶었던 마음

엄마와 아버지는 사이가 나빴다. 엄마는 남편에게서 채울 수 없었던 사랑과 애정의 결핍을 나를 통해 채우려고 했다. 일상의 모든 것을 나와 나누었고, 나는 어린 나이부터 어른의 감정을 보고, 듣고, 자라면서 애어른이 되었다. 어린 마음에 본능적으로 엄마 감정의 빈 공간을 메워 주고 싶었다. 엄마의 어려움을 보고 들으면서 자연스럽게 엄마를 보호해야 할 존재로 받아들였다. 엄마의 보살핌을 받아야 할 어린 존재가 엄마를 보호하고 지켜야 한다는 것을 먼저 배웠다.

아들이 셋이나 있었음에도 엄마는 언제나 나에게 의지했다. 정신적·물질적 모든 면에서 나는 엄마를 최우선으로 챙겼다. 월급을 받으면 제일 먼저 엄마 통장으로 용돈부터 이체했다. 내 모든 지출의 영순위는 엄마였다. 엄마 집에 필요한 모든 살림살이도 내 손을 거치지 않은 것이 없다. 엄마의 머리부터 발끝까지 내가 다 챙겼다. 손가락에 가시만 박혀도 당장 달려가 병원에 모시고 갔다. 이 모든 것은 아버지를 대신해서 내가 엄마를 챙겨야 한다는 책임감에서 나온 행동이다. 그리고 엄마가 나를 사랑해 주길 바라고, 인정받고 싶은 마음이 깔려 있었다.

두 번째일 수밖에 없었던 채워지지 않는 갈망

사랑받고 싶어서 주는 사랑은 결국 채워지지 않는 갈망을 남긴다. 엄마는 중요한 일이 생기면 아들이 우선이었다. 내가 준 용돈과 내가 사 준 좋은 물건이 아들들에게 가 있었다. 내 진심이 무시당하고 거부당했다고 느꼈다. 나는 엄마를 최우선으로 생각하고, 챙기고, 마음을 썼지만, 엄마에게는 내가 최우선이 아니었다. 누군가를 최우선으로 여겨도 그 사람에게 나는 늘 두 번째일 수 있다는 것을 받아들이기 힘들었다. 더 이상 엄마를 책임지기 싫어졌다.

엄마와 거리 두기, 책임을 다하지 못한다는 자책감

엄마는 항상 아버지에 대한 불만이 많았다. 엄마 말을 스펀지처럼 흡수하던 어린 나는 뚜렷한 근거나 명확한 판단 없이 아버지는 나쁜 사람, 엄마는 불쌍한 사람으로 인식했다. 한쪽 이야기만 들은 나는 편견이라는 안경을 쓰고 자랐다. 세월이 흘러 성인이 된 지금 과거를 돌아보면 내 판단이 잘못된 것임을 안다. 아버지가 왜 엄마에게 불만이 있었는지, 내가 믿고 따랐던 어린 나에게 세상 전부였던 엄마가 아버지에게 어떤 잘못을 했었는지 뒤늦게 알았다. 그 사실을 알고 난 이후, 한동안 엄마와 거리를 두었다. 그러나 진실이라고 해서 반드시 말해야 하는 것은 아니다. 어떤 진실은 말할 때 가치가 있고, 어떤 진실은 묻어 둘 때 더 낫다. 자신을 위해서, 혹은 다른 사람들을 위해서 참아야 할 때가 있는 법이다.

엄마와 거리 두기를 하는 동안 내 마음은 지옥이었다. 어릴 적부터 엄마를 보호하고 챙겨야 하는 존재로 인식해 온 나이기에 엄마와 거리를 두고 지내는 것이 내 책임을 다하지 못하고 있다는 자책으로 이어졌다. 몸은 성인이 되어 결혼도 하고 내 가정을 이루었지만, 엄마로부터 정신적인 독립을 못 한 상태였다. 엄마를 책임져야 한다는 생각으로 엄마를 돌보고 있었지만, 정작 나는 엄마에게 종속되어 엄마 치맛자락을 붙들고 있는 어린아이였다.

내가 아니면 안 된다는 착각, 점점 완고해지기만 하는 엄마

예전 같지 않은 내 행동에 적응을 못 하는 건 엄마도 마찬가지였다. 직접 말하지는 않았지만 더 이상 챙기지 않는 나를 향한 엄마의 서운한 기색은 분명했다. 모든 자리를 내가 채워야 한다는 착각은 타인의 기회를 뺏는 경우가 있는 법이다. 이가 없으면 잇몸으로 살아간다고, 엄마는 오빠들에게 의지하고, 오빠들이 엄마를 챙기기 시작했다. 나 아니면 엄마를 챙길 사람이 없을 거라 착각하고 있었다. 오히려 내가 나서서 엄마의 모든 것을 챙기다 보니 오빠들이 뒷전으로 물러나 있었다. 내가 빠지니 오빠들이 효자 노릇을 하기 시작했다. 이런 상황 또한 나는 서운하기만 했다.

부모와 자식 간에도 관계의 높낮이가 있다. 엄마와 오빠들 사이에도 불협화음이 생기기 시작했다. 엄마는 자식 앞에서도 자존심을 세웠다. 내면의 결핍과 피해의식으로 과거에 발목 잡혀 스스로를 힘들게 했다. 현재의 기쁨과 즐거움에는 감사하지 못하고, 과거의 어려움만 자꾸 들추며 위로받으려고 했다. 공감을 얻지 못하면 매사 부정적이고 공격적으로 변했고, 자식들은 지쳤다. 엄마는 자신을 보듬어 주지 않는 자식들이 야속하기만 했다. 이 다람쥐 쳇바퀴 같은 상황은 반복되었다. 오빠들과의 관계마저 불편해진 엄마는 점점 고립되어 갔다. 체력은 떨어지는데, 고집과 아집만은 더 단단해졌다.

책임은 사랑의 또 다른 얼굴

목소리는 높이지만 내면은 점점 약해져 가는 엄마를 나는 안다. 엄마에게 사랑받고, 인정받고 싶었던 어리고 연약한 내 마음도 안다. 야속하기만 했던 엄마지만, 내가 챙겨야 하는 엄마다. 사랑은 감정만으로 지속되지 않는다. 때론 책임이 사랑의 또 다른 얼굴이다. 이건 더 이상 감정의 문제가 아니라 연로한 부모를 섬겨야 하는 자식의 도리와 책임이다. 엄마와는 20분 이상 대화하기 어렵다. 대화가 길어질수록 서로를 상처 내는 방향으로 흐르기 때문이다. 그래서 적당한 선에서 마무리한다. 오래 가기 위한 일보 후퇴다. 전화도 자주 하지 않는다. 가끔 짧게 한다. 대신 엄마 집의 상태, 건강, 재정 상황은 꾸준히 확인한다. 생활에 불편이 없도록 챙기는 것이 자식의 도리이자 사랑의 표현이다. 어릴 적 우리를 씻기고, 닦이고, 입히고, 먹이고, 재우셨던 그 모든 정성과 보살핌을 이제 자식인 내가 되돌려드려야 할 때이기 때문이다. 사랑도 노력과 책임이 따라야 한다는 것을 아는 나이다. 서운한 감정에 매달려 도리를 저버리는 건 어리석은 일이며, 언젠가 깊이 후회할 일이다.

서로의 서툶을 이해하고 보듬기

엄마도 엄마가 처음이라 서툴고 힘들었을 것이다. 나도 마찬가지다. 내 자녀들에게 완벽하지 못한 부모면서 내 부모는 완벽하기를 바랐다. 서로의 서툶을 이해하는 데서 관계는 다시 시작된다는 것을 내가 서툰 부모가 되어 보고 나서야 알게 되었다. 어렵게 살던 옛날의 고단한 삶이 엄마가 자식들에게 사랑 표현, 애정 표현 할 기회와 여유를 빼앗아 간 것임을 이해한다. 엄마의 마음속에서 과거의 어려웠던 기억을 지울 수 있는 지우개가 있다면 말끔하게 지워 드리고 싶다. 엄마의 마지막까지 자식들이 책임지고 챙길 테니 불안해하지도 말고, 걱정하지도 말고, 지금의 기쁨을 맘껏 누리시고, 건강하고 행복하게 지내시길 바란다.

◉ 인사이동 TIP ◉

사랑은 감정만으로 지속되지 않습니다. 책임은 사랑의 또 다른 얼굴입니다.

친구 아린

김인경

지켜 주려고 내가 먼저 변한다

아린은 20년을 함께한 친구다. 그녀가 암 수술을 받았다는 소식을 듣고 나는 당황했다. 수술이 끝난 후에야 알려 준 그녀의 배려심이 고마웠지만, 얼마나 그녀의 삶에서 멀어져 있었는지 깨달았다.
"수술 잘 받았어. 이제 괜찮아."
전화기 너머로 들려오는 담담한 목소리. 그녀는 여전히 남을 먼저 생각하는 사람이었다. 미리 알려 주면 걱정할까 봐 혼자서 조용히 치료받고 회복한 후에야 연락을 줬다.

아린과는 서로가 편한 친구였다. 연락하면 만나 즐겁게 시간을 보냈다. 그러다 바쁘면 자연스럽게 연락이 뜸해지는 사이였다. 성숙한 우정이라고 믿었다. 고등학교 때부터 알던 아린은 누구보다 따뜻하고 순수한 사람이었다. 가끔은 혼자만의 동굴에 들어가기도 했다. 가족이 아파 곁에서 힘들어할 때도, 사업이 어려울 때도 그녀는 먼저 도움을 청하지 않았다. 나 역시 그런 성향을 알기에 깊이 관여하지 않았다. 다른 친구들은 아린이 연락이 안 된다고 할 때도 전혀 느끼지 못했다. 연락 때마다 항상 받아 줬으니까. 느릴 때가 있을 뿐이었다. 아린은 스스로 해결하는 사람이다. 내가 나서면 오히려 부담스러워할 거라고만 생각했다. 하지만 그녀의 수술 소식을 듣고 나니, 이런 생각들은 내 안일함을 포장하는 핑계로 느껴졌다.

아린의 수술 소식을 들은 그날 밤, 잠을 자다 깼다 했다. 생각이 많아지며 우리의 우정이 견고한지 돌아보았다. 내 우정은 수동적이었다. '아프면 안 되는데.' 이 사람을 잃고 싶지 않았다. 단순히 좋은 친구라서가 아니었다. 아린의 순수하고 따뜻한 마음이 계속 이 세상에 있어야 한다고 생각했다.

진정한 사랑은 상대방이 안정적일 때만 함께하는 것이 아니다. 상대방에게 지금 필요한 게 무엇인지 살펴보는 거다. 불안하더라도 곁에서 사람의 삶 자체를 소중히 여기고, 지켜 주고 싶은 마음이다.

조금씩 변해 가는 나

그 이후 나는 변했다. 생각날 때마다 연락했다. 어쩌다가 한 번씩 하던 연락을 자주 한다. 아린은 늘 반가워해 주었다. 바쁠 때는 늦게 답하기도 했지만, 미안함과 고마움을 담아 따뜻하게 응답해 주었다.

"그냥 네 안부가 궁금해서."

예전에는 시간 될 때 만나자고 막연하게 이야기하다가 결국 몇 달이 지나는 경우가 많았다. 아린은 내 연락을 부담스러워하지 않았다. 그녀도 자신의 일상을 더 많이 공유하기 시작했다. 몸의 변화, 가족들 근황, 사업 이야기까지.

아린의 일성은 빼곡하다. 갑자기 약속이 취소되기도 한다. 하지만 이해한다. 시간이 맞을 때를 기다린다. 아린과 만날 날을 정하기는 쉽지 않다. 서로 바쁠 때는 자연스럽게 못 본다. 예전처럼 언제 시간 되면 만나자고 막연하게 말하는 대신, 이제는 '다음 주 토요일 오후 어때?'라고 구체적인 날짜를 제안한다. 약속이 안 되면 '그럼 언제쯤 괜찮을까?'라고 물어본다.

서로 귀 기울이는 관계

아린의 가족들이 연달아 아프다는 소식을 들을 때마다 마음이 아팠다. 좋은 사람에게 왜 이런 시련이 몰려오는지 이해할 수 없었다. 우리는 서로의 마음을 털어놓곤 했다. 내가 위로해 주려고 했는데, 아린이 이야기를 더 많이 들어 준다. 고민이나 힘든 일들을 말하면, 자신의 상황보다 내 마음을 먼저 헤아려 주었다.

"너도 힘들지? 괜찮아?"

이야기를 나누고 나면 항상 마음이 평온하다. 서로의 아픔을 나누며, 아픔이 반으로 줄어드는 경험을 한다.

선택한 사랑의 의미

아린은 무엇을 해 달라고 요구하지 않았다. 내가 선택하고 변화했다. 보답을 기대하지 않았다. 내가 먼저 행동하기로 정했다. 그저 친구와의 관계를 소중하게 여기고 싶었다. 예전에는 상대방이 나를 찾을 때 응답하면 된다고 생각했다. 이제는 상대방의 상황과 성향을 존중하고, 내가 먼저 관심과 애정을 표현한다. 아린을 통해 사랑에 대한 인식을 바꾸었다.

사랑은 마음이 편할 때도, 흔들릴 때도 함께하는 거다. 진정한 사랑은 그 사람의 존재 자체를 소중히 여기고, 힘들 때도 곁에 있으려 하는 마음이다. 아린은 여전히 독립적이다. 내가 변했다고 해서 그녀가 의존적으로 변하지는 않았다. 하지만 우리 사이의 연결고리는 단단해졌다.

나의 선택이 능동적이면 됐다. 상대방의 반응에 따라 행동을 결정하지 않는다. 내 마음에서 우러나오는 선택을 한다. 아린을 존중하며 지켜 온 세월 속에서 배운 사랑의 방식이다.

🌀 인사이동 TIP 🌀

문득 친구가 생각나면 주저하지 않고 '잘 지내지?' 하고 먼저 연락해 봅니다.

사랑은 거리를 줄이는 선택

김한조

함께한 반짝이던 시작

아들은 결혼 5년 만에 우리 곁에 왔다. 어리고 가진 게 부족해 아이 갖는 일을 미뤘다. 시간은 흘러만 갔다. 더는 미루면 안 되겠다 싶어 결정했다. 그렇게 새로운 가족이 생겼다. 첫 아이라 전부 서툴렀다. 함께 돌봐 줄 가족도, 조언해 줄 사람도 없었다. 아내는 그 시절을 떠올리며 말한다.

"누군가 옆에서 함께 아이를 봐 주는 걸 보면 부럽더라. 아무 도움도 못 받는 게 너무 서러웠어."

아내는 첫째를 낳고 3개월 만에 직장에 나갔다. 백일도 안 된 아기를 옆집 아주머니에게 맡기고 출근길에 나섰다. 형편이 어려워 동네 외곽의 낡은 빌라에 살았다. 지금 와서 보면 어떻게 저러고 살았나 싶지만, 마음은 한결 편하고 행복했다.

아들은 애교도 많고, 호기심도 많았다. 뭐든 스스로 해 보려 했고, 밖에서 뛰어노는 걸 좋아했다. 여름이면 수영장, 겨울이면 스키장으로 계절에 맞는 활동을 함께 즐겼다. 주말엔 야구장에 갔다. 유니폼을 맞춰 입고, 지방 원정까지 다니며 응원했다. 어린아이가 목청껏 응원하니 주변 사람들도 좋아했다. 그 모습은 전광판에 비칠 만큼 적극적이었다. 휴식 시간에 진행된 이벤트에서는 레스토랑 이용권을 받아 왔다. "우리 아들 덕에 비싼 데 가서 좋은 음식도 다 먹네."라고 하자, 아들은 우쭐해진 표정과 함께 어깨를 으쓱하며 웃었다.

아들과 보내는 시간을 아끼지 않았다. 함께 뛰고, 놀고, 새로운 경험을 만들어 주다 보니 언제나 나를 따랐다. 다양한 활동 속에서 더 활발하고 씩씩하게 자랐고, 덕분에 우리의 하루는 늘 웃음이 많았다. 그 시절은 단순히 놀며 지나간 순간이 아니었다. 우리 사이를 단단하게 묶어 주던 소중한 시기였다.

점점 멀어지는 거리

아이가 초등학교 고학년이 되며 친구들과 보내는 시간이 눈에 띄게 늘었다. 중학교에 들어가자, 집보다 밖에서 지내는 시간이 더 많아졌다. 가족과 나누는 대화는 짧아졌다. 그러면서 사소한 말다툼도 잦아졌다. 한번은 아내가 길에서 친구들과 있는 아들을 봤는데, 아들이 모른 척 지나갔다고 했다. 아내는 서운함을 넘어 오래 남을 충격을 받은 듯했다. 아내가 신경을 쓸수록 아들은 간섭으로 여겼다. 사랑과 관심의 표현이라 했지만, 아들은 답답하다고 했다. 둘 다의 마음을 알 듯했다. 괜히 한마디 하면 일이 더 커질까 봐 한동안은 그저 지켜보는 쪽을 택했다.

'나도 그랬었지.' 학창 시절이 떠올랐다. 초등학교 5~6학년 무렵부터는 부모님과 함께한 기억이 거의 없다. 식탁에서 대화를 나누거나 외식한 일도 떠오르지 않는다. 그땐 친구들과 어울리는 게 당연했다. 남자아이들은 다 그런 줄 알았다. 하지만 틀린 생각이었다. '나도 그랬으니 괜찮다.'가 아니라 '내가 그랬으니, 아이는 다르게 해야 한다.'가 맞았다. 점점 멀어지는 사이를 내버려 두고 있었다. 깨달음이 너무 늦었다. 어느새 아이는 군대에 갈 나이가 될 만큼 훌쩍 자라 있었다.

'나도 그랬으니 괜찮다.'라고 넘겼지만, 무심함은 결국 내 몫이 되었다. 아들과의 갈등은 작은 말에서 시작됐다. 이불 정리를 안 하는 건 며칠째 지적하던 사소한 문제였다. 그날은 나도 피곤함에 지쳐 있었다. 이불 얘기를 꺼내자, 아들은 짜증 섞인 목소리로 말했다.

"이게 다 개 놓은 건데 어쩌라고요."

나도 맞받았다.

"그렇게 버릇없이 굴 거면 앞으로 말하지 말자."

그 한마디로 문이 닫혔다. 아들에게 쌓인 불만들이 한순간 터졌다. 한 달이 지났다. 거실에 앉아 있었다. 아들이 조용히 다가왔다.

"아버지, 죄송합니다. 부모님께 고마움도 모르고 나만 생각하고 행동한 거 뉘우치고 있어요. 한 번만 용서해 주세요."

내 화는 쉽게 가라앉지 않았다.

"넌 항상 너밖에 모르니 혼자서 계속 살아. 그게 서로 편한 거 아냐? 너 하나 안 챙기니 이렇게 편한 걸 이제야 알았다."

용기 낸 아들에게 되레 막말만 퍼붓고, 혼자 남겨 둔 채 방으로 들어갔다. 한 번 닫힌 마음의 문은 다시 열기 어려웠다.

6개월 동안 서로를 피했다. 밥도 따로 먹었다. 혹시라도 마주치면 아들은 눈치를 보며 돌아갔다. 변하는 모습을 보이기 위해 아들은 평소 하지 않던 설거지나 분리수거 같은 집안일을 챙겼다. 알고 있었지만 모른 척했다. '어디까지 하나 보자'라는 마음이었다. 아내는 중간에 끼어 답답해했다. 아내가 둘을 연결해 주려 애썼지만, 난 고집을 꺾지 않았다. 거리를 만든 건 나였고, 시간이 지나도 그대로였다. 그러던 중, 미뤄 왔던 디스크 수술을 받게 됐다. 그 과정에서 내 몸과 마음에 변화를 느꼈다.

사랑은 내가 먼저 시작하는 것

오래된 통증은 수술로 이어졌다. 수술 후에는 한 달 정도 움직임이 불편할 거라고 했다. 입원을 준비하던 날, 그동안의 내가 떠올랐다. 나는 늘 스스로 서야 한다고 생각하며 살아왔다. 상황이 힘들어도, 형편이 어려워도 기대지 않고 버티는 게 당연하다고 여겼다.

그게 내 방식이라고 믿었다. 그런데 막상 수술을 앞두니 나도 자식에게 기댈 날이 올 수 있다는 걸 인정하게 됐다. 누구나 늙고 병든다는 사실이 머리보다 가슴에 먼저 와닿았다.

아들이 부모를 떠맡듯 챙겨야 하는 순간이 생길 수도 있다. 병원에서 환자를 돌보는 보호자들을 보며 생각했다. '지금은 내가 보호자지만, 언젠가 병상에 누운 나의 보호자는 아들이 될 수도 있겠구나.' 관계를 회복하기 위해 먼저 바뀔 사람은 나였다.

수술을 핑계 삼아 말을 걸었다.
"아버지 내일 입원해. 며칠 걸려. 없는 동안 집안일 좀 잘 봐 주고 있어."
아들은 그동안 외면했던 나와는 다르게 아무 일 없었다는 듯 받아 주었다.
"조심해서 잘 다녀오세요."
나는 잘못한 게 있어도 부모님께 용서의 말을 해 본 적이 없다. 아들은 잘못한 부분은 인정하고, 사과를 건넬 줄 안다. 나보다 용기 있고 당찬 아이다.

아들을 억지로 괴롭힌 걸 반성하며 지나칠 때마다 한마디라도 건넨다.
"어디 갔다 와?", "저녁은 먹었어?", "안 피곤해? 일찍 자."
간섭으로 묻는 게 아니라는 걸 아는지 대답도 잘하고, 내 안부도 묻는다.
"수술한 데는 괜찮아요? 보호대는 풀어도 된대요?"

어릴 때처럼 야구장도 같이 가고 싶지만, 이제는 아들이 더 바쁘다. 학교생활에 자격증 시험, 아르바이트까지 매일 성실하게 보내고 있다. 그래도 다음 달에는 시간을 낼 수 있는지 물어봐야겠다.

부모는 자식을 위해 기울인 마음을 오래 기억한다. 하지만 자식은 무게를 다 알 수 없다. 같은 시간을 살아도 그 속에서 느낀 의미는 다르다. '너 잘되길 바란다.'라는 말 속에는 나의 욕심이 숨어 있었다. 내가 이루지 못한 꿈을 대신해 주길 바라면서, 기대에 못 미치면 화를 냈다. 실망은 아들에게서가 아니라 나 자신에게서 온 것이었다.

자식은 부모가 원하는 모습 그대로 살지 않는다. 나 또한 부모가 원하는 모습 그대로가 아니었다. 때로는 부족해 보여도, 그 나름대로 부모보다 나은 삶을 살 수 있다. '나도 그랬으니 너도 그러라.'라는 반복을 끊는다. 내가 먼저 변한다. 그것이 내가 선택한 사랑의 모습이고, 멀어진 거리를 다시 줄이는 시작이다.

😊 **인사이동 TIP** 😊

사랑은 맞추는 게 아니라 거리를 줄이는 선택입니다. 그 선택은 늘 내가 먼저 할 수 있습니다.

지키고 싶은 마음이
생기는 순간

신재원

처음으로 누군가를 지키고 싶어지다

조카를 처음 품에 안았던 날을 잊을 수 없다. 조그만 손이 내 손가락을 꼭 잡았다. 눈을 감고서도 세상과 연결되어 있다는 듯, 미약한 힘으로 매달려 있었다. 그 따스한 온기가 손끝을 타고 가슴까지 번져 왔다. '아, 이게 생명을 지킨다는 거구나.' 처음엔 그저 예쁘고 사랑스러웠다. 작은 얼굴, 깔깔 웃음, 부드러운 숨소리. 하지만 시간이 지나면서 알게 되었다. 내가 느끼는 감정은 단순한 '좋음'이 아니었다.

조카가 조금씩 자라면서 내 마음 깊은 곳에서 처음 경험하는 감정이 자라났다. '이 아이를 지키고 싶다.' 누군가를 내가 먼저 지키고 싶다는 감정이 이렇게 강할 줄은 몰랐다.

말 한마디 한마디의 소중함

조카와 대화가 늘어 가면서, 서로 주고받는 말들이 많아졌다. "이모, 오늘 뭐 했어?", "이모는 뭘 좋아해?" 같은 질문들에 답하다 보니, 조카가 내 말 하나하나에 진심으로 관심을 보인다는 걸 알게 됐다. 사람을 지키고 싶은 마음은 그 사람이 나에게 진심으로 관심을 보여 줄 때 더 커지는 것을 느꼈다.

조카의 관심이 얼마나 진심인지는 시간이 지나면서 더 확실해졌다. 조카의 기억력은 놀라웠다. 내가 몇 달 전에 한 말까지 하나도 빼먹지 않고 기억하고 있었다.
"이모, 그때 토끼 인형 사 준다고 했는데 언제 사 줘?"
"이모가 같이 키즈카페 가자고 했잖아. 언제 갈 거야?"
오래전에 했던 이야기인데도 정확히 기억하는 조카를 보며 깜짝 놀랐다. 더 놀라운 건, 내 말투까지 그대로 따라 한다는 것이었다. 좋은 말이든 짜증 섞인 말이든, 심지어 말투까지 똑같이 흉내를 냈다. 조카가 내 목소리로 "아, 귀찮아."라고 중얼거리는 순간, 소스라치게 놀랐다. 그 뒤로는 내 말 하나하나에 더 신경을 쓰게 되었다. 예전 같으면 무심코 내뱉었을 수 있는 짜증 섞인 말을 한 번 더 생각하게 됐다. '아, 이 말을 조카가 듣고 따라 하면 어떨까?' 그런 생각이 먼저 들었다.

조카의 영상 통화는 여전히 나를 웃게 만든다. 퇴근 후 피곤한 날에도 조카에게 영상 통화가 오면 웃음이 피어올랐다. 화면 너머

"이모~"라는 목소리가 들리면 하루의 무게가 스르르 풀려 내린다. 이제는 조카가 내 표정까지 살펴보고 있다는 것도 안다. 내가 기분이 안 좋은 날에는 내 표정을 살피며 "이모, 오늘 기분이 안 좋아?"라고 물으며 걱정하고, 기분이 좋은 날에는 함께 까르르 웃으며 기뻐해 준다. 이런 모습을 보면서 조카에게 기쁜 표정과 웃는 모습을 자주 보여 주고 싶다는 마음이 더 커지게 되었다.

약속의 무게를 느낀 순간

비가 억수같이 쏟아지던 어느 금요일 저녁, 퇴근길 버스 안에서 조카에게 전화가 왔다.

"이모, 오늘 놀러 오기로 했잖아."

아침에 가볍게 한 약속이었다. 하지만 그날은 회의로 지쳐 있었고, 집에 가서 그냥 쉬고 싶은 마음뿐이었다. "이모가 오늘은 너무 피곤해서…"라고 말을 꺼내려는 순간, 수화기 너머의 조카는 조용해졌다. 그 작은 정적이 내 마음을 찔렀다. 약속을 어기는 것이 장난감을 사 주지 않는 것보다 깊은 상처가 될 수 있다는 걸 그 순간 알았다. 그날 나는 방향을 틀어 조카 집으로 갔다. 젖은 옷을 말릴 새도 없이 거실로 들어서자, 조카가 달려와 품에 안겼다.

"이모 왔다!"

그 말에 피로가 눈 녹듯 사라졌다. 책임감이 담긴 마음은 피로보다 강한 힘을 갖고 있었다.

사랑은 더 나은 사람이 되고 싶어진다는 것

조카에게 좋은 어른이 되고 싶다는 마음은 나를 다른 방향으로 이끌었다. 주말에 늦잠 자는 대신 아침에 서둘러 깨고, 책상 앞에 오래 앉아 있기보다 조카와 함께 그림을 그리고 동화를 읽었다. 예전에는 나 하나 챙기기도 버겁다고 생각했지만, 이제는 '누군가를 위해 나를 단단하게 만들고 싶다.'라는 마음이 생겼다. 놀라운 건, 내가 준 것보다 받은 것이 훨씬 많다는 것이었다. 조카는 나를 웃게 했고, 나를 더 부드럽게 만들었다. 사랑은 내가 키우는 것이 아니라 오히려 나를 키우는 것이었다. 조카를 위해 바뀌려고 했는데, 정작 가장 많이 배운 건 나였다.

작은 약속으로 완성되는 사랑

사랑을 선택하는 건 마음의 일이지만, 지키는 건 매일의 행동이었다. 장난감을 사 줄 때보다 다친 무릎을 닦아 주며 "괜찮아."라고 말해 주는 순간에 더 큰 책임감을 느꼈다. 함께 시간을 보내고, 귀 기울여 들어 주고, 작은 약속을 지키는 일이 모여 사랑을 단단하게 만들었다.

사랑의 깊이는 감정의 크기가 아니라, 그 감정을 지키기 위해 '매일 어떻게 행동하는가?'에 달려 있는 것 같다. 조카와의 작은 약속을 지키는 일처럼, 배우자에게 "오늘 수고했어."라는 한마디, 부모님께는 주말 안부 전화, 친구에게는 "요즘 어때?"라는 메시지일 수도 있다. 누군가를 지키고 싶은 마음은 상대를 보듬어 주는 마음인 동시에, 나를 더 좋은 사람으로 만드는 가장 강력한 힘이 된다는 걸 조카를 통해 배운다.

🔹 인사이동 TIP 🔹

지키고 싶은 사람이 있다면, 거창한 것보다 '매일의 약속' 하나를 정해 실천해 본다. 안부 인사, 고마움 표현, 함께하는 시간 등 작은 꾸준함이 쌓여 관계를 단단하게 만든다.

내 감정을 살피면

유혜인

방구석 호랑이

"첫 환자부터 비협조적인 환자 잡지 말라고 했잖아! 하루 다 망가진다고."

원장은 컴퓨터 모니터에 비친 예약표를 손가락으로 툭툭 치며 언성을 높였다. 긴장감이 흐른다. 예약표를 제대로 봤다면 예약 없이 온 환자란 걸 알 수 있다. 불편하다고 아침부터 찾아온 환자를 돌려보낼 수도 없는 노릇이었다. 불합리한 상황에 나는 원장의 화가 가라앉기를 바라며 침묵을 택했다. 쌓이는 감정을 조용히 억누른다.

퇴근 후 집에 들어서자마자 남편이 먹고 치우지 않은 설거지거리가 눈에 띈다. 순간 참아 왔던 짜증이 폭발한다.

"이게 왜 아직도 이러고 있어?"

평소보다 목소리가 높아졌다. 머리가 지끈거린다. 하루 종일 억눌린 감정들이 한꺼번에 터져 나온다. 남편은 놀란 얼굴로 어깨를 움츠리며 말한다.

"아, 미안…. 깜빡했네."

이미 내 속은 불덩이처럼 달아올랐다. 밖에선 순한 양처럼 말도 못 하던 내가 집에선 '방구석 호랑이'가 되어 으르렁거린다. 남편은 당황한 듯 조심스레 나를 바라보며 다음부턴 바로 치우겠다고 한다. 아무것도 들리지 않는다. 폭발한 감정을 가라앉히지 못하고 몸이 떨린다. 그 순간 짜증 섞인 태도, 감정을 여과 없이 쏟아내는 내 모습에 원장의 모습이 겹쳤다. 소름이 오소소 돋았다. 참을 수 없는 괴로움이 밀려왔다.

그날 밤, 침대에 누운 남편이 말했다.

"그렇게 화낼 일도 아니었는데…. 감정 쓰레기통이 된 것 같아."

마음이 무겁다. 순간의 감정을 참지 못하고 사랑하는 사람에게 상처를 남겼다. 남편에게 미안했다. 내 모습이 싫었다. 방법을 찾아야 했다. '나는 밖에서는 꾹 참는데, 집에서는 왜 이렇게 폭발할까?', '이 화를 다른 방식으로 표현할 수는 없을까?' 하는 질문들이 그 후로 오랫동안 머물렀다.

감정을 갈무리하는 방법

질문의 답을 찾기 시작했다. 우선, 내 감정을 파고들었다. '화'라는 감정 뒤에 숨겨진 진짜 마음이 무엇인지 궁금했다. 지금 느끼는 감정이 분노인지, 서운함인지 아니면 피곤함이나 외로움인지 본질을 알고 싶었다. '화'나 '짜증'이 아니라 '말'로 표현하고 싶었다. 화에 관한 책을 읽고, 명상하고, 감정 일기를 쓰면서 나만의 감정을 갈무리하는 방법을 찾았다.

첫째, 내가 어떤 상황에 화가 나는지 적는다. 예를 들면 몸이 피곤할 때, 시간에 쫓겨서 여유가 없을 때, 부정적인 감정에 오래 노출됐을 때, 감정을 환기시킬 틈이 없을 때 화가 난다. 그리고 각각 대처법을 적는다. '충분히 휴식을 취한다', '여유 시간을 확보한다', '감정 분리를 한다', '잠깐의 명상을 한다'. 이런 상황과 대처법을 적어 놓으면 그 순간에 어떻게 해야 할지 힌트가 된다. 최대한 상황을 만들지 않거나 피하는 것도 도움이 된다. 어쩔 수 없이 그런 상황이 오면 '지금 화날 수 있는 환경이니 신경 써야지.' 하고 의식하면서 마음의 대비를 한다.

둘째, 그 외에 예고하지 못했던 상황이 닥치면 ChatGPT를 이용한다. "내가 지금 ~한 상황인데, 화가 나. 이유가 뭘까? 그 안에 숨은 감정은 뭘까?", "화 말고 다르게 표현할 방법 있어?"라고 묻는다. 그러면 숨겨진 감정의 이름을 찾아 준다. 감정을 다루고, 표현하는 방법도 알려 주니 편하다. ChatGPT와 대화하면서 위로까지 받으면 순간 올라온 감정이 빠르게 누그러진다.

셋째, 뭐든 '화' 속에 숨었던 진짜 감정을 찾았으면 그에 맞는 표현을 '말'로 하는 연습을 한다. 감정을 수단으로 쓰지 않는다. 감정 없이 "나 서운했어. 억울했어. 속상했어. 미안했어." 말로 담백하게 전달한다. 제일 쉽지 않은 과정이다. 그래서 연습이 필요하다.

나를 지키려고 했던

나와 사랑하는 사람을 지키기 위해 감정의 본질을 찾고 연습했다. 그러다 보니 신기하게도 가끔은 상대의 진짜 마음도 보인다. 원장의 불편한 태도 뒤에는 초조와 불안이 있었다는 걸 알았다. 감정 자체가 잘못된 게 아니었다. 다만 그것을 내뱉는 방법이 엉켜 있었을 뿐이다. 그 사실을 이해하자 부딪히던 관계도 조금씩 회복됐다.

여전히 방구석 호랑이가 으르렁거릴 때가 있다. 하지만 전처럼 내 모습이 싫지 않다. 금방 평안이 찾아온다. 오늘도 나는 감정의 이름을 붙이고, 그 마음을 말로 전하는 법을 조금씩 배워 간다.

◎ 인사이동 TIP ◎

감정을 바로 쏟아 내지 말고 먼저 이름을 붙여 봅니다. 감정을 모르겠다면 ChatGPT를 활용하기도 합니다. 감정을 알아내면 그에 맞게 '말'로 표현합니다. 나아가 상대의 진짜 감정도 이해할 수 있습니다.

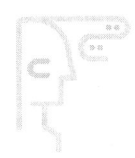

끝까지 곁에 있어 주는 사랑

이복선

살아가면서 많은 시간을 보내지만, 진짜 사랑이 무엇인지 깨닫는 순간은 의외로 늦다. 아프고 힘든 시간을 지나야 비로소 보이는 것도 있다. 말없이 끌어안아 준 사람들의 따뜻함이 그 무엇보다 깊고 단단한 사랑이란 것을 깨닫는다. 사랑은 거창한 감정이나 극적인 사건 같은 것이 아니라 끝까지 곁에 머무는 선택이라는 걸 지금 느끼고 있다.

다시 나를 붙잡은 글쓰기

몸과 마음이 무너졌을 때 다시 일으켜 준 것은 글쓰기였다. 조용히 읽고 쓰는 그 시간은 내 안을 들여다보는 작은 명상이 됐다. 한 문장을 만들기 위해 오래 머뭇거리는 순간조차 소중했다. 병의 고통은 여전하지만, 글을 쓰는 동안은 아픔을 잠시 내려놓을 수 있다. 명상과 글쓰기를 이어 가며 감정을 천천히 다스리기 시작했다. 서운하게 했던 이도, 기쁘게 했던 이도 다시 볼 수 있었다. 계속해서 이어 갈 수 있었던 것은 글쓰기 모임장의 지속적인 독려와 응원 덕분이다.

곁에 있는 사랑

함께 공부하는 친구는 내가 예기치 못한 교수 면담 일정에 아픈 몸을 이끌고 어찌할 바를 모르고 있던 찰나 집 앞까지 차를 몰고 와 기다리고 있었다.

"같이 가 줄 수 있어. 걱정하지 마!"

웃으며 건넨 말은 단순한 위로가 아니었다. 그날 내 곁을 지키고 집까지 다시 데려다주었다. 돌아간 친구에게 문자가 왔다. "정형외과 들렀다 집에 잘 도착했어."라고 한다. 그제야 눈치챘다. 며칠 전 악기 상자에 발을 찧어 깁스했던 친구가 오늘 풀었다는 사실을. 통증이 있었을 텐데, 내 앞에서는 내색조차 하지 않았다. 순간 부끄러웠다. 내 아픔에만 갇혀 있었는데, 친구는 자신의 고통을 감추고 곁에 있었다.

요양사는 매일 엄마를 데리고 공원으로 산책하러 나간다. 동네 어른들과 자연스럽게 어울릴 수 있도록 배려해 준다. 항암 전날이면 꼭 내 손을 잡고 말한다.

"이번에도 잘 이겨 내실 거예요."

그 목소리는 늘 진심이 묻어난다.

매월 21일, 어김없이 십만 원이 통장에 들어온다. 김 작가가 보내 오는 돈이다.

"얼굴을 못 보니 이걸로 밥이라도 먹어. 얼굴 봤으면 커피라도 사 줬을 텐데."

처음엔 망설였지만, 이제는 조용히 받는다. 부담 없이 받는 대신 더 성실히 건강을 회복하고 싶다. 식욕이 없어도 밥을 삼킨다. 그 적은 노력이 김 작가의 사랑에 대한 나의 보답이다.

혈액암 투병을 먼저 겪은 회사 선배는 진단을 받자 가장 먼저 연락이 왔다. 그는 자신의 부작용 경험을 세세히 알려 주며 괜한 두려움에 갇히지 말라고 했다.
"죽음을 한 번 마주하고 나니 예전엔 중요하던 게 다 사소해지더라."
그의 말은 단순한 조언이 아니라 내 삶을 바라보는 시선을 바꿔 주었다.

오빠는 항암 일정에 맞추느라 현장 일을 줄였다.
"엄마도 모시고 있잖아. 아들 노릇 못 했는데 이 정도는 해야지."
담담하게 말하며 새벽마다 병원으로 나를 데려다준다. 새언니는 집을 나서기 전 꼭 반찬을 챙겨 보낸다. 그 정성으로 숨 쉴 힘이 생긴다. 언니들도 주기적으로 엄마의 건강과 나의 안부를 궁금해한다. 암에 좋다는 음식을 수시로 만들어 준다. 그 덕분에 여기까지 왔고, 견디려고 안간힘을 쓴다.

곁을 주는 사랑

군 제대 후 공부를 이어가려던 아들은 엄마가 아픈데, 꿈을 미뤄야 하지 않는지 고민했다. 아들에게 "너 하고 싶은 걸 해. 그게 우리 둘 다를 지키는 길이야."라고 말했다. 아들이 하고 싶은 공부를 응원한다. 조용히 군 생활 잘 견뎌내는 둘째 아이에게 항상 감사한 마음이다. 힘든 훈련소에서도 우수훈련생으로 상장을 안겨 주었을 때 고맙고, 가슴이 뭉클했다. 각자 열심히 살고 있으니 엄마인 내가 아파도, 곁에서 버팀목이 되어야 한다고 다짐한다.

삶과 죽음, 아픔은 인간의 뜻이 아니라 하늘의 몫이다. 우리가 할 수 있는 건 오늘 하루를 성실히 살아 내는 것, 관계 속에서 이해와 존중을 잃지 않는 것이다. 아프든 아프지 않든 인간관계 속에서 갈등은 늘 존재한다. 사랑과 이해가 없어서가 아니라 사랑을 미처 발견하지 못해서 아픈 것이다.

이제 그 사랑을 기억하며 살아가고 싶다. 받은 따뜻함을 잊지 않고, 누군가에게 작은 울타리가 되어 주고 싶다. 내 하루 속에서 그 사랑을 실천하며 살고 싶다.

사랑은 변화를 두려워하지 않는다. 상대방의 상황이 변해도 곁을 지키기 위해 먼저 변하는 것이 사랑이다. 누군가는 마음으로, 누군가는 말로, 누군가는 정성이 담긴 음식으로 응원해 준다. 그 힘으로 살아간다. 살면서 보지 못했던 고마운 사람들을 아프고 나서야 발견한다. 그들 덕분에 충만한 하루, 감사한 날들로 버틸 수 있다.

인사이동 TIP

사랑은 곁을 지키는 것이라는 것을 느낍니다. 곁에 머물고 싶은 사람이 있는지 생각해 보고 나 또한 곁에 머물고 싶은 사람인지를 생각합니다.

나로부터 시작되는 사랑

이윤경

런던, 폴리 베르제르의 바의 그림에서 마주한 나

나는 아직 인연이 되는 사람을 만나지 못했다. "외롭지 않아?"라고 질문을 받는다면, 외롭다. 아니, 정확히 말하면 누군가와 함께 있어도 외로웠다. '나는 왜 아직 결혼을 못 했지?', '나도 누군가의 사랑받은 사람이 되고 싶은데'. 주변의 친구들이 결혼해서 자기의 짝을 찾아갈수록 그 질문은 내 안에서 더 깊어지고 있었다.

그런 생각을 품고 있던 작년 여름, 동생이 사는 런던에 방문했다. 한 사람과의 이별 직후였던 시기였다. 여행 중 계획에 없었던 서머셋 하우스의 코톨드 갤러리를 우연히 발견해 방문하게 되었다. 그곳에서 한 그림 앞에 멈춰 섰다. 바로 에두아르 마네의 〈폴리 베르제르의 바〉라는 그림이었다. 화려한 바에서 술잔을 기울이며 삼삼오오 모여 즐기는 사람들, 그사이에 한 여자 바텐더가 서 있다.

모두가 즐거워 보이지만 어쩐지 그 사이에서 조금은 슬퍼 보였던 여인의 눈빛이 나를 사로잡았다. 주변의 북적임은 배경일 뿐, 그녀의 눈빛은 마치 어디에도 속하지 못한 사람의 고독을 담고 있었다. 그녀의 눈빛이 이상하리만큼 내 마음과 겹쳐졌다. 물론 이유는 다르겠지만, 그 속에 스민 외로움이 낯설지 않았다.

왜 그런 생각이 들었는지 알 수는 없었지만, 그림을 오래 바라보는 동안 내 안의 외로움과 맞닿는 순간이 있었다. 한참을 그 앞에 앉아 바라보다, 문득 이런 생각이 들었다. '왜 외로움을 누군가의 사랑으로만 채우려 했을까?' 나는 타인의 사랑이 나를 더 단단하게 만들 거라 믿었다. 하지만 그것은 착각이었다. 그림 속 여인도 그리고 그 앞에 선 나도, 분주한 사람들 틈에서 정작 자신의 마음을 안아 주지 못하고 있었다. 스스로의 마음을 안아 주지 못하고 있었다. 그 순간 알았다. 먼저 지켜야 할 것은 내 마음이었다는 것을.

내 마음 지키기 프로젝트 시작

여행에서 돌아온 뒤, 내 마음을 지키기 위한 나만의 프로젝트를 시작했다. 태어난 지 마흔 해가 지나서야 처음으로 다른 사람의 위로가 아니라 나 자신을 위로하고, 스스로를 안아 주는 연습을 하기 시작한 것이다.

가장 먼저, 매일 아침 모닝페이지를 쓰기 시작했다. 감정을 억누르거나 외면하지 않고, 솔직하게 페이지 위에 내 마음을 쏟아 내는 연습이었다. 그리고 글을 쓰기 시작했다. 이유는 단 하나였다. '나를 알고 싶어서'였다. 책을 내기 위함도, 부수입을 위한 것도 아니었다.

예전부터 항상 나에게 이런 질문을 던지는 친구가 있었다.
"넌 스트레스 받을 때 뭐 해?", "네가 진짜 좋아하는 건 뭐야?"
그때마다 늘 "글쎄."라고 얼버무렸다. 사실이었다. 직장에서는 내가 잘할 수 있는 일을 하고 있었지만 정작 내가 뭘 좋아하는지, 어떤 순간에 힘이 나는지는 알지 못했다. 그래서 글을 쓰며 그 답을 제일 먼저 찾아보기로 했다. '나는 무엇을 좋아하는가?'에 대한 질문을 던졌다. 이 생각은 자연스럽게 '내가 나를 가장 잘 아는 방법이 뭘까?'를 고민하게 했다. 특별한 장비도 필요 없었다. 거창할 필요도 없었다. 그저 내가 좋아하고 관심 있는 것들에 대해 하나씩 천천히 써 보기 시작했다. 블로그에, 스레드에 그때그때 떠오르는 생각이나 하루 동안 접한 콘텐츠나 기억하고 싶은 순간들을 나만의 언어로 기록했다. 그렇게 하루하루 글을 쓰다 보니 흐릿하던 나의 취향과 관심사를 조금씩 알아 가게 되었다. 무엇보다 내가 저 깊숙이 묻어 두었던 기억들을 하나둘씩 꺼내게 되면서 내가 어떤 사람인지 보이기 시작했다. 그리고 그동안 너무 오랫동안 남의 시선으로만 나를 판단해 왔다는 것도 알게 되었다.

글을 쓰며 예상치 못한 획득도 있었다. 나와 비슷한 생각과 나보다 한발 앞서 나간 많은 사람을 온라인으로 만나게 된 것이다.

처음에는 조심스러웠지만, 글을 통해 생각을 나누고 서로 응원하는 작은 연결이 만들어졌다. 서로 전혀 다른 배경을 가진 사람들이 "나도 그래.", "그 마음 알아요."라는 말로 연결되는 경험은 생각보다 큰 힘이 되었다. 이렇게 또 다른 세계를 하나씩 경험하게 되었다. 글쓰기는 누군가에게 보이기 위한 것보다는 내가 나를 지켜 주는 하나의 방식이 되었다. 오직 나만을 위한 문장들이 하루하루 쌓이며 더 외로워지지 않았다.

나를 돌보며 바뀐 관계의 태도

내가 나를 돌보는 방식이 생기자, 사람을 대하는 태도도 변화했다. 예전의 나는 관계에서도 늘 조심스러웠다. 대화를 마친 뒤에는 내가 한 말을 곱씹으며 '혹시 기분 나쁘게 들리지 않았을까?', '하지 말아야 했을 행동은 없었나?' 하고 스스로를 검열했다. 상대의 표정 하나, 말투 하나에 온 신경을 곤두세우며 상대의 마음을 먼저 예측하고, 그에 맞춰 내 감정을 조정했다. 배려라는 이름으로 내 마음을 숨기는 것이 습관처럼 굳어졌다. 그 결과 누군가의 말 한마디에도 쉽게 무너지고 기분을 맞춰 주느라 내 마음을 숨기기 바빴다. 하지만 지금은 다르다. 지금은 내 마음을 먼저 살피고, 그 위에 천천히 관계를 쌓아 가고 있다. 이 세상에서 가장 중요한 건 나 자신이란 사실을 깨달았기 때문이다.

나와의 진짜 관계 시작

나는 나를 제일 먼저 사랑해 주기로 했다. 스스로를 사랑하지 않으면 누구의 사랑도 온전히 받아들일 수 없다는 것을 이제는 알기 때문이다. 진짜 관계란, 나 자신과의 관계를 회복하는 것에서부터 시작된다. 흐릿해졌던 내 마음을 다시 또렷이 바라보는 순간, 변화가 시작되었다. 그러자 타인의 인정이 아니라 내가 나를 알아주고 지켜 주는 사람이 되는 변화가 일어났다. 나 자신을 위한 변화는 조용하지만 단단했다.

나는 여전히 사랑받고, 사랑하고 싶다. 하지만 이제는 누군가가 내 안을 먼저 채워 주기를 바라기보다 내가 먼저 나를 채우고, 사랑을 나누는 사람이 되고 싶다.

나를 사랑하면 주변 사람들하고의 관계가 바뀐다. 내 마음이 넉넉하지 않으면 주변의 모든 관계가 싫어진다. 그래서 오늘도 내 마음이 흔들릴 때 가장 먼저 나에게 이렇게 말해 준다.
"괜찮아. 넌 잘하고 있어. 그리고 무엇보다 내가 널 제일 사랑해."

인사이동 TIP

스스로를 단단히 세우면 관계도, 삶도 자연스럽게 달라진다.

우리 둘 다 변했으면 해

정청한

27살, 조금은 이른 결혼

27살 겨울, 조금은 이른 나이에 결혼했다. 아직은 준비되지 않았다는 불안이 있었지만, 부모님이 퇴직하시기 전에 하자는 생각으로 서둘러 결혼식을 올렸다. 지금 돌이켜 보면 그 결정은 내 인생에서 가장 잘한 일 중 하나였다.

우리는 닮은 점이 참 많았다. 음식 취향부터 드라마, 예능까지, 내가 좋아하는 건 아내도 좋아했다. 그래서 함께하는 시간이 늘 즐겁고 행복했다. 그 덕분에 살이 조금 찌기도 했지만, 그것조차 웃으며 지나갈 수 있었다. 고시생 시절에는 만나면 카페에 앉아 공부만 하는 날이 많았다. 그래도 아내는 불평 한마디 하지 않고 곁을 지켜 줬다. 장거리 연애 중에도 매주 세 시간이 넘는 거리를 달려와 내 옆에 있었다. 그 시간마다 묵묵히 내 뒤에서 응원해 주던 모습이 아직도 선하다.

그렇게 만난 지 4년째 되던 해, 우리는 결혼했다. 함께 살면서 전에는 없던 문제들이 하나둘 생겨났다. 그중 가장 많이 다툰 건 친구 문제였다. 연애할 때는 주말에만 만났으니 평일에 친구들을 보는 게 큰 문제가 되지 않았다. 하지만 결혼 후에는 달랐다. 나는 자유롭게 친구들을 만나지 못하는 세 답답했고, 아내는 혼자 있는 시간이 늘어날수록 서운함이 쌓여 갔다.

나는 그 스트레스를 게임으로 풀었다. 퇴근하고 집에 오면 조용히 방으로 들어갔다. 저녁 식사 시간을 제외하고는 대화도 거의 나누지 못했다. 아기가 없을 때 즐겨야 한다는 핑계로 게임만 했다. 아내가 눈치를 줘도 모른 척했다. 혼자 이불을 덮고 누워 있는 아내를 보면서 미안한 마음이 들어도 억지로 취미 생활이라 합리화했다. 그렇게 나는 소중한 신혼을 허무하게 흘려보내고 있었다.

아내의 변화

그렇게 무미건조한 일상을 보내고 있던 날, 아내가 갑자기 책을 읽기 시작했다. 이전에도 출퇴근 시간에 전자책을 간간이 읽기는 했지만, 이번엔 뭔가 다른 듯했다. 한 권, 한 권, 책이 쌓여 갈수록 점점 다른 사람으로 변해 갔다. 눈에는 전에 없던 생기가 되살아나고 있었고, 성격도 달라졌다. 처음에는 그런 아내가 낯설었다. 아내에게도 취미가 생긴 것 같아 다행이라는 생각이 들면서도, 한편으로는 나도 무언가 해야 할 것만 같은 압박감이 들기 시작했다.

그러던 중 아내가 나에게 책 읽기를 권유했다. 그때 아내의 표정은 강요가 아니라 부탁처럼 느껴졌다. '같이 가면 좋겠어. 나 혼자 변하는 건 의미 없어. 우리 둘 다 변했으면 해.'라고 말하는 것 같았다. 살면서 읽은 책이라고는 만화책밖에 없었다. 가만히 앉아 그림도 없는 책을 읽는 것은 너무 지루한 일이었다. 하지만 그동안 쌓인 미안함이 있어서인지 억지로 책을 읽기 시작했다.

처음 읽었던 책들은 잘 기억나지 않는다. 아내가 원해서 억지로 책장을 넘겼을 뿐, 제대로 집중하지도 않았다. 가끔 대화에 끼어들 수 있을 정도로만 훑어본 수준이었다. 그런데 그렇게 시작한 독서가 조금씩 나를 바꿔 놓았다. 언제부턴가 문제가 생기면 책 속 한 구절이 불쑥 떠오르곤 했다. '이럴 땐 어떻게 하라고 했지?'라며 책을 다시 펼쳐 본 적도 있다. 읽은 내용을 블로그에 기록하기 시작하면서 작은 흥미가 생겼다. 처음엔 생각을 글로 옮기는 게 버거웠지만, 시간이 지나면서 조금씩 나아지는 내 모습이 만족스러웠다. 신기하게도 그렇게 글로 정리하고 나면 마음이 한결 가벼워졌다. 좋은 글귀를 발견하면 핸드폰 메모장에 옮겨 적었다. 그렇게 쌓인 한 줄, 한 줄이 모여 어느새 나를 조금 더 단단하게 바꾸고 있었다.

사랑이 만든 진짜 변화

그러던 어느 날, 우리 부부에게 아기 천사가 찾아왔다. 아내에게 임신 소식을 들었을 때는 실감이 나지 않았다. 아직 아빠가 될 준비가 되지 않았다는 생각 때문인지, 기쁨보다 걱정이 앞섰다. 책임감이 먼저 밀려와 마음껏 기뻐하지 못했다. 그 미안함이 지금도 남아 있다. 산부인과에서 처음 들은 아기의 심장 소리를 잊을 수 없다. 기차 소리처럼 빠르게 뛰던 그 작은 박동을 들으며, 이제는 정말 달라져야 한다고 다짐했다.

집에 돌아와 게임을 모두 삭제했다. 대신 인터넷 강의를 듣기 시작했다. 몇 달은 집중하겠다며 친구들과의 단체 대화방도 나왔다. 독서 모임을 찾아가고, 매주 부동산 임장을 다니며 사람들을 새롭게 만났다. 그렇게 경험한 바깥세상은 내게 신선한 충격이었다. 그제야 '우물 안 개구리'라는 말이 어떤 뜻인지 온몸으로 느낄 수 있었다. 결혼과 취업만으로 만족하며 이 정도면 됐다고 안주하던 지난날을 깊이 반성했다.

아내와 나누는 이야기에도 큰 변화가 생겼다. 미래에 대해 진지하게 논의하기 시작했고, 하나씩 설계해 나갔다. 왜 돈을 벌어야 하는지 진지하게 고민했고, 어떻게 불려 나갈 것인지 계획을 세웠다. 눈을 감고 함께 원하는 미래를 그려 보았다. 그렇게 머리를 맞대고 고민하니 처음에는 어둡게만 보이던 우리의 미래가, 점점 선명해졌다.

변화는 강요가 아닌 본보기로

아내는 나를 억지로 바꾸려 하지 않았다. 다만 먼저 변했고, 조용히 기다려 주었다. 뱃속의 아이는 아무 말도 하지 않았지만, 그 존재만으로 나를 더 좋은 사람으로 이끌었다. 책은 내 생각을 변화시켜 준 아주 좋은 촉매제였다. 아내를 통해 책을 읽기 시작했고, 아이를 통해 진짜 어른이 되고 싶었다.

진정한 변화란 결국 사랑에서 비롯된다는 걸 실감하며 살아간다. 아내를 보며 깨달았다. 타인을 변화시키는 가장 강력한 힘은 말이나 강요가 아니라 스스로 먼저 변하는 데 있다는 것을. 그렇게 변화하는 사람의 모습은 거울처럼 비쳐 상대가 스스로 변하고 싶게 만든다.

묵묵히 기다려 준 아내, 그리고 존재만으로 나를 더 나은 사람으로 만들어 주는 딸. 그 둘에게 늘 감사하고, 사랑한다는 말을 전하고 싶다.

◆ 인사이동 TIP ◆

아내의 모습을 보며 사람을 억지로 바꾸려 하기보다 스스로 변하는 것이 더 큰 힘이 된다는 걸 배웠습니다. 그래서 저 역시 누군가를 설득하려 할 때, 말보다 제 행동으로 보여 주려고 합니다.

드디어 만났다!
누구보다 든든한 내 편

최고은

간절히 바라면 이루어진다

"배우자 기도라는 게 있어. 이러이러한 사람이랑 결혼하게 해달라고 기도하면 들어준다더라?"

대학 동기의 이야기를 듣고 대학생 때부터 기도했다. 종교는 달랐지만 간절함은 닿을 테니, 생각날 때마다 기도했다. 바로 응답은 없었지만, 진심을 담아 제발 이루어 달라고 빌었다.

서울 생활이 좋으면서도, 가을만 되면 사무치게 외로웠다. '다른 사람들은 잘 만나서 결혼하는 것 같은데, 나는 왜 인연이 없을까?' 자존감이 바닥을 쳤다. 해가 지날수록 결혼도 못 하고 나이만 먹는 것 같았다. 한창 코로나19로 사회적 거리를 두던 시기, 어떤 이들은 소개팅을 잡았다가도 코로나19에 걸릴까 봐 소개팅을 취소하던 시기였다. '진짜 짝을 만나려면 감수해야지. 다 핑계야.'라며 반쪽을 찾아다녔다.

첫눈에 반하다

그러던 중 연락처를 교환한 한 사람. 사진을 봤을 땐, '이 사람이 좋은 사람일까? 만났을 때 나를 좋아해 줄까?' 긴가민가했다. 오랫동안 기도해 왔던 배우자의 이상형에 흡사한 얼굴이 마음에 쏙 들었다. 잠깐 연락을 주고받고 만났다. 멀리서부터 보이는 실루엣에 한 번 놀랐다. 가까이서 봤을 땐 뽀얀 얼굴과 요정처럼 뾰족한 귀를 보고 또 놀랐다. 좋은 향기와 다정한 말투. 한마디로 첫눈에 반해 버렸다.

당시 나는 다리에 깁스를 하고 있었는데, 계단을 내려갈 때 신경 써 주는 그 사람의 배려를 느꼈다. 첫 만남부터 공연을 보고, 늦은 저녁을 먹으러 갔다. "제가 만든 파스타가 더 맛있어요."라고 말하는 그 사람. '어떤 파스타인지 궁금한데, 먹어 볼 수 있으려나?' 생각했다. 식사하는 동안 서로의 그릇, 수저, 물을 챙겨 주느라 바빴다. 식사 후 커피 한잔하자는 그의 말에 조금 더 가까워지고 싶어 "커피 대신 맥주 한잔은 어때요?" 하고 먼저 제안했다. 오래 있고 싶어 천천히 마시는 나와 달리 그 사람은 빨리 마셨다. '아, 혹시 빨리 마시고 집에 가려고 하는 건가?' 예상과 달리 맥주 한 잔을 더 주문했다. 30분 정도 이야기를 더 나누고도 집에 가는 방향이 같아 지하철에서 나란히 앉아 계속 이야기했다. 집에 와서 잘 준비를 하면서도 이어지는 카카오톡 대화. 오랜만의 설렘에 새벽까지 실실 웃었다.

다음날, 평소라면 이불에서 뒤척거렸을 일요일 아침. 설레서 일찍 눈을 뜨고, 메시지를 주고받았다. 연극, 전시, 음악회 등 문화생활을 즐기는 나였기에 공연을 보던 중 저녁에 같이 밥 먹자는 연락을 빋고 급히 집에 가서 단장했다. 지하철역에서 다시 만난 그를 보며 '아, 이 사람이다!' 싶었다. 좋아하는 음식을 먹으며 도란도란 이야기를 나누고, 커피 한잔 들고 석촌호수를 걸었다. 예전에 운동한다고 혼자 걸었던 석촌호수가 이리도 낭만적일 줄이야! 다리가 불편한 나를 걱정하며, 그는 집 근처까지 차로 데려다줬다.

기도가 이루어지다

사실 그는 문화생활을 즐기지 않고 평소 운전도 하지 않는데, 나와 잘해 보려고 애쓴 거란다. 그 사람을 바라보는 나의 눈에서 꿀이 떨어졌고, 그는 그런 나를 신기하게 바라보았다. 우리는 그렇게 연애를 시작했다. 퇴근해서 삼십 분, 한 시간이라도 만나 동네를 산책했다. 비싼 음식은 아니어도 이 사람과 먹으면 맛있었다. 이야기하다 보면 어찌나 웃었는지 광대가 아플 지경이었다. '이런 사람이랑 결혼하고 싶다'고 생각했던 모습으로 그 사람이 나타난 것이다.

결혼할 생각이 있었던 나는 용기 내서 먼저 물어봤다. 원래 결혼 생각이 없었지만, 나와 연애하면서 마음이 잘 맞고 재미있어서 결혼할 마음이 생겼다고 한다. 그렇게 우리는 연애를 한 지 1년이 채 안 돼 결혼했다. 예전엔 '누가 1년도 안 만나 보고 결혼을 하냐?' 하고 생각했는데, 그게 나였다. 결혼 준비하는 동안 계속 이야기를 나눈 덕분에 싸우지 않았다. 코로나19 시기에 합리적 비용으로 결혼식을 준비했고, 남들이 잘 가지 않는 곳으로 신혼여행도 다녀왔다.

허니문 베이비가 생겼으나, 곧 보내 줬다. 아기를 빨리 만나도 좋지만 갑작스레 생긴 아기를 만나기엔 아직 준비가 안 됐나 보다. 그는 내 몸과 마음의 회복에 진심이었다. 혹시나 우울증을 겪지 않을까 틈틈이 챙겨 줬다. 다행히 3개월 후, 다시 아기 천사가 찾아왔고, 이번에는 끝까지 잘 품어서 만나고 싶었다. 물론 내 마음대로 되는 것은 아니겠지만. 감사히도 건강한 아기를 만났다.

아기와의 첫 만남. 신랑은 우렁차게 우는 아기 모습을 영상으로 담으며 "아내는 괜찮나요?" 하고 물었다. 아이가 하는 걸 볼수록 신랑의 어린 시절 모습을 많이 닮았단다. '엄마보단 아빠를 많이 닮았으면 좋겠다.'라는 나의 바람을 들어줬나 보다. 첫 아이기에 엄마로서 서툴고 갈팡질팡할 때면 그에게 많이 물어보면, 혼자 고민한 게 무색할 정도로 현실적인 답을 준다.

"우리 아기만의 속도가 있어. 기다려 주면 돼. 때가 되면 자기가 잘할 거야."라는 말을 들으면 안심된다. 아기가 어렸을 때 병원 진료를 보고 걱정하며 집에 올 때면, "괜찮아. 그렇게 걱정 안 해도 돼." 한마디면 걱정이 사라졌다. 나라면 아기가 울 때 경황이 없어 못 했을 말들을, 아기의 눈높이에 맞춰 다정한 말투로 차근차근 설명한다.

한 팀이라는 마음으로

일하며 육아까지 고군분투하는 우리. 회사 생활에서 힘든 일을 밥 먹으며 털어놓고, 육아하며 고민되는 부분을 나눈다. 다른 사람들은 남의 편이라고 얘기하지만, 나는 든든한 내 편을 잘 만났다고 생각한다. 아기를 돌보느라 집이 엉망인 채로 퇴근한 그를 맞이할 때가 많다. 집 정리를 못 해서 미안하다고 하면 "아기 보면서 어떻게 해. 못 하는 게 당연한 거지. 미안하다고 하지 마. 내가 하면 '고마워'라고 해 줘." 하고 따뜻한 말을 해준다. 그러면서 본인이 잘한 일에 생색을 내지 않는다. 분명 그의 눈에 내가 성에 차지 않는 부분이 많아도, 투정하지 않고 지켜본다. 내가 요리를 못해서 맛있는 밥을 차리지 못하면 그는 자기가 하면 된다고 말한다. 어쩌다가 내가 끓인 국이 맛있으면 격려와 칭찬으로 지지한다. 어떻게 이런 사람을 만났을까! 그래서 나도 예쁘게 말하며 행동하려고 더 노력한다. 아직도 습관처럼 미안하단 말이 나가지만 고맙다고 많이 하려 한다. 요즘은 잠들기 전에, 우리 가족을 위해 기도한다. 매일 하지는 못하지만. '든든한 내 편을 만나게 해 줘서 감사합니다. 우리 가족이 건강하고 행복하게 잘 지낼 테니 지켜봐 주세요.' 하고.

결혼하니 책임이 늘어난다. 일과 육아 모두 잘 해내고 싶지만, 사람이기에 완벽할 수 없다. 우리는 서로 잘하는 부분은 칭찬하고, 부족한 부분은 격려한다. 서로 채워 주면서 굴러가니 한 팀이라고 생각하기 때문이다. 가끔 지쳐서 지적하는 말이 먼저 나오려 한다. 그땐 말을 꿀꺽 삼키고, 일부러라도 좋은 점을 찾아 고맙다고 한다. 특히 부모의 말을 다 듣고 아이가 그대로 말하니 더욱 조심한다. 서로 좋은 말을 해 주자고 다짐한다.

인사이동 TIP

마음에 드는 상대에게 다정한 말을 먼저 건네 봅니다.

서툴더라도 시작해 보아요!

최샐리

완벽이라는 가면 뒤에서

겉으로 보기에 나는 '완벽한 커리어 우먼'이다. 회사에서 마주치는 이십 대 후배들이 나에게 자주 하는 말은 "선배님, 멋있어요."다. 정확히 어떤 점이 멋있다는 건지 묻지 않았지만, 짐작은 간다. 남성 직원이 대부분인 환경에서 여성으로서 독보적인 위치에 있다는 사실만으로 그들에게 '워너비'일지도 모른다. 하지만 내 삶에서 가장 잘한 일은 사회적 성공이 아니라, 내 아이의 엄마가 된 일이다. 요즘 기준으로 보면 나는 꽤 이른 나이에 결혼했다. 스물다섯에 결혼하고, 스물여덟에 아들을 낳았다. 나조차도 천방지축 세상 물정을 모를 때라 아이를 키우는 동안 정말 시행착오가 많았다. 사실 아이를 키울 줄도 몰랐다.

엄격함의 대물림

직장 생활을 단 한 번도 쉰 적이 없었다. 막 출산했을 때는 출산휴가가 두 달이었다. 어쩔 수 없이 친정엄마에게 아이를 맡겨야 했다. 그러다 보니 육아 방식도 자연스럽게 엄마의 방식을 따랐다. 엄마는 매우 엄격한 분이다. K-장녀인 나는 어릴 적부터 칭찬보다 야단을 더 많이 맞으며 자랐다. 그러다 보니 나 또한 '엄격함이 바른 길을 만든다.'라고 믿고 아들을 대했다. 어린 시절 힘들었던 기억이 분명히 있었지만, 똑같은 방식으로 아이를 키웠다. 그 사실조차 한동안 자각하지 못한 채로.

아들의 반항

아들이 유아기나 중학생 때까지만 해도 곧잘 내 말을 잘 들었다. 반항이라고는 하지 않았다. 아이도 나의 방식에 큰 불만이 없는 줄 알았다. 고등학교 1학년 중간고사 무렵, 아들을 심하게 야단쳤다. 무슨 이유였는지는 기억나지 않는다. 늘 순종하던 아들이 그날 이후 말이 없어졌다. 밥도 먹지 않고, 눈도 마주치지 않았다. 답답했다. 아들을 불러내어 다그쳤다. 평소엔 속을 잘 내비치지 않던 아들이 입을 열었다.

처음이었다. 아들이 반항 섞인 눈초리로 자신의 마음을 꺼내어 나에게 얘기하던 것은. 그 아이의 입에서 나온 말들은 나의 모순적인 모습을 정면으로 지적했다. 한마디도 반박할 수 없었다. 그 말을 들으며 나는 조용히 눈물을 흘렸다. 창피했고, 미안했고, 복잡한 감정이 북받쳤다. 과거의 내가 떠올랐다. 내가 어릴 적 엄마에게 하지 못했던 말들, 불만들이 내 아이의 마음에도 그대로 자리 잡고 있었다. 정신이 번뜩 들었다. 이대로라면 아들과 점점 멀어지는 것은 당연한 결과였다. 그날 깨달았다, 아이는 내 소유가 아니라는 걸. 그 아이도 나와는 다른 하나의 인격체라는 걸. 쉽진 않았지만, 결국 나는 인정했다. 내가 고집을 꺾지 않으면 아들과의 관계를 잃을 수도 있었다. 그전까지는 아들의 모든 걸 내가 결정했었다. 옷, 머리 모양, 학업 방향, 전공까지. 그게 '훌륭한 엄마'라고 믿었다. 열혈 맘으로 아이를 '설계'하는 게 사랑인 줄 알았다.

하지만 그날, 아이가 말했다.

"내 인생인데, 내 마음대로 할 수 있는 게 없잖아."

머리를 망치로 맞은 듯한 충격이었다. 그날 이후로 모든 결정에 아들의 생각을 반영했다. 서툴지만 진심이었다. 물론 관계가 단숨에 변한 건 아니다. 아주 조금씩, 천천히 가까워졌다. 아들 말로는 그때 당시 내 변화가 믿기지 않았다고 한다. '저러다 엄마가 다시 돌아오겠지. 저건 잠깐일 거야.' 그런 마음으로 거리를 두며 나를 지켜보았다고.

아들이 대학 진학을 정할 무렵이었다. 아무리 생각해도 내 판단이 옳았다. 내가 생각하는 대로 지원하면 소위 일류대 진학은 쉽게 할 수 있는 상황이었다. 그런데 아들은 본인만의 선택을 했고, 결국 대입에서 아쉬운 결과를 내게 되었다. 그렇지만 아들은 후회하지 않았다. 나 또한 우리가 함께 결정한 일이라 담담히 결과를 받아들였다. 아들이 대학에 진학한 후 시간을 더 많이 보냈고, 이제는 마음속 얘기까지 서슴없이 털어놓는 사이가 되었다. 힘겨운 군 생활을 겪으면서 엄격했던 할머니와 엄마까지 이해해 주는 속 깊은 아들로 바뀌었다. 지금은 할머니에게도 나에게도 '스윗 가이'다.

공평한 인생, 사춘기 vs 갱년기

아들은 스물다섯이다. 문득 거울을 보니, 아들은 멋진 청년이 되었고, 나는 갱년기를 맞은 중년 여성이다. 참 아이러니하지 않은가. 한때는 아이의 사춘기를 이해하지 못했던 내가 이제는 갱년기를 이해받고 싶은 입장이 되었다.

삼십 대 어린 엄마였던 나는 사춘기 아들을 헤아릴 마음의 여유가 부족했다. 하지만 지금, 스물다섯인 아들은 놀라울 만큼 내 기분을 아주 잘 맞춰 준다. 내가 결혼했던 바로 그 나이를 살아 내며 나에게 이렇게 말해 준다.

"그때 엄마가 얼마나 용기 있었는지 이제 알 것 같아. 엄마의 선택을 인정해. 그리고 응원해."

가장 든든한 친구이자 조언자

이십 대와 삼십 대, 사십 대까지 나는 정말 치열하게 달렸다. 너무 정신없이 살아서 세세한 기억도 흐릿할 만큼. 가끔 아들에게 말한다.

"엄마는 너무 일찍 결혼해서 못 해 본 게 많아. 그게 정말 아쉬워."
그럴 때마다 아들은 내게 얘기해 준다.

"이제 해 보면 되지. 엄마는 뭐든 할 수 있어. 이제부터 엄마 하고 싶은 거 다 해 봐."

이 말을 처음 들었을 때 가슴이 먹먹하고 울컥했다. 세상에 그 누구도 나에게 하고 싶은 걸 다 해 보라고 해 준 사람이 없었다. 이제 아들은 가장 든든한 내 편이다. 큰 소리로 나를 응원해 주는 사람도, 내가 잘못했을 때 촌철살인의 매운맛으로 혼쭐을 내주는 사람도 이제는 아들이다. 가끔은 너무나 매운 조언에 내가 상처받았다고 말하면 "내가 아니면 누가 엄마한테 이런 얘기를 해? 엄마는 이런 점만 고치면 더 좋은 방향으로 발전할 수 있을 것 같아."라고 말해 준다. 이제 아들은 나의 가장 친한 친구이자 인생의 조언자다.

깨우침의 순간들

아들을 키우며 과거의 육아 방식을 계속 고집했다면 지금의 우리는 이렇게 가까워질 수 있었을까. 사춘기 시절의 아들을 이해하지 못한 채 내 생각이 옳다는 고집으로 내 방향만을 강요했다면 지금 이런 관계는 불가능했을 것이다. 지금의 우리는 '엄마와 아들'이라는 이름을 넘어 사람 대 사람으로서 단단하고 온전한 관계로 나아가고 있다.

혹시 자녀와의 관계로 고민하는 이가 있다면 지금이라도 먼저 마음을 표현해 보았으면 좋겠다. 어색해도, 서툴러도 괜찮다. 내가 아이의 거울이 되고, 아이가 나의 거울이 될 수 있다면 그것만으로도 충분히 행복한 관계를 만들 수 있을 테니까.

인사이동 TIP

자녀와 어색한 날, 맛있는 밥을 먹으면서 아무 말 대잔치를 합니다. 아무 말이나 이어 가다 보면 어느새 웃으면서 식사하는 아들과 나를 발견하게 되더라고요. (맛있는 음식은 대화의 촉진제랍니다!)

관식이시네요?

최민욱

결혼하고 얼마 되지 않았을 때다. 연구원이었던 나는 주말에도 출근하는 경우가 많았다. 어느 토요일, 집에 왔더니 물건들이 무슨 폭탄 맞은 것처럼 늘어져 있다. 청소기가 거실에 널브러져 있고, 식탁 위에는 택배 상자 몇 개가 뜯어져 있다. 부엌에는 음식을 하던 중이었는지 칼, 도마, 햄 포장지, 오이 썰다 만 것, 당근 반 조각, 양파 껍질이 어지럽다. 이런, 혹시 무슨 일이 생긴 건가?

아내를 다급하게 불러 본다. 안방에서 대답이 들린다. 일단 다행이다. 얼른 가서 보니, 놀란 내 얼굴을 보는 둥 마는 둥, 바닥에 앉아 뭔가를 조립하고 있다. 택배 상자에서 꺼낸 건가 보다. 놀랐던 가슴이 진정되니 잔소리가 시작된다. 부엌하고 거실이 엉망이라 무슨 일 있는 줄 알았다고. 빤히 내 얼굴을 쳐다보다가 청소기부터 치우던 아내가 뾰로통한 얼굴로 말한다.

"아니, 당신 오기 전에 집 청소를 좀 하려고 청소기를 돌렸단 말이에요. 주말이다 보니 당신이 언제 집에 올지 모르잖아. 그래서 오면 주려고 음식을 했어요. 거의 다 할 때쯤 택배가 오더라구. 집 좀 꾸미려고 산 건데, 열어서 보다가 꽂혀서…. 당신 오기 전에 다 치우려 했는데, 못 했네. 미안."

'청소를 시작했으면 다 끝내고 음식을 하는 게 맞지 않나? 정 궁금하면 택배 물건 확인만 하고 치우는 거 아닌가? 물건은 제자리에 있어야 다음에 쓰기도 편할 텐데?' 나로서는 이해가 안 간다.

수년 동안 이걸로 무던히 아내와 투닥투닥 했다. 항상 미안하다고 먼저 말할 줄 아는 멋진 사람이고 나도 사람 공부를 하고 있었기에 싸우지는 않았지만, 잊을 만하면 한 번씩 투닥거렸다. 그러다가 MBTI 전문가 과정을 공부하면서 아내를 이해하기 시작했다.

계획형 vs 융통성형의 충돌

나는 계획형 인간이다. 그래서 무언가를 시작하면 계획한 목표를 달성하는 게 먼저다. 제주도 여행을 간다면 분 단위까지는 아니더라도 시간, 장소 계획을 세우고, 백록담은 꼭 찍고 와야 한다. 하지만 아내는 융통성을 가진 사람이다. 여행은 즐기는 거고, 누구와 함께하는가가 중요하다는 생각이다. 백록담을 올라가려다가도 가는 길에 유채꽃이 흐드러지게 피었다면 거기에서 충분히 즐기고만 와도 되는 사람이다.

나와 같은 계획형 인간은 계획대로 사는 게 맞다고 한다. 아내와 같은 유형은 융통성 있게 살아야 한다고 한다. 서로 각자가 맞다고 생각하는 데서 갈등은 시작된다.

공부하면서 알게 된 것은 모든 사람은 다르고, 성격마다 편하고 불편한 점이 있다는 것이다. (장점, 단점과는 약간 다른 결이다). 그렇게 '다름'을 인정하고 아내를 이해할 수 있게 됐다. 그리고 무엇보다 아내가 훨씬 많이 나를 배려해 주는 것도 알게 됐다. '다름에 대한 인정'의 힘이었다.

부부가 되어 가는 세 가지 방법

진단 검사나 코칭 등 사람에 관한 공부를 하면서 부부 상담을 꽤 하고 있다. 많은 부부가 "결혼하기 전까지는 이런 사람인지 잘 몰랐다."라고 한다. 그분들에게 내가 생각한 부부 사이의 세 가지 원칙을 말씀드렸는데, 반응이 괜찮아서 내용을 소개해 본다.

첫째, 배우자를 바꾸려 하지 않는다. 부부가 되며 24시간을 같이 있다 보니, 내 마음에 들지 않는 모습을 보면 배우자의 행동을 바꾸고 싶어 한다. 책을 읽으면 좋겠고, 운동도 당연히 해야 하고, 집에도 빨리 왔으면 좋겠다고 한다. 생각에서 그치지 않고 말로 표현하고, 행동을 종용하기도 한다. 나의 경우, 아내가 '설거지는 바로바로, 물건은 제자리에 놓도록' 바꾸고 싶었다.

사람의 행동은 인식에 따른 반응이다. 인식은 세상을 바라보는 방법이고, 신념과 사상에서 나온다. 즉, 신념이 바뀌지 않으면 행동은 바뀌지 않는다. 30년 이상의 경험으로 만들어진 생각 체계는 엄청난 계기가 아니면 바뀌지 않는다. 배우자가 옆에서 '멱살'을 잡는다면, 싸우기 싫어서 시늉할 뿐 신념은 바뀌지 않으니 결국 그 행동은 반복된다. 차라리 자신의 인식과 행동을 바꾸는 게 더 빠르다.

둘째, 상대의 장점을 좀 더 들여다본다. 모든 장점에는 단점이 있다. 마찬가지로 모든 단점도, 장점이 있다. 그렇다면 굳이 안 좋게 볼 필요가 없다. '아내는 고집이 너무 세! 항상 하고 싶은 대로 다 하려 해.'는 '자기 확신, 주장이 확실해.'라고 볼 수 있다. 아내는 나에게 "당신은 너무 말이 많아. 적당히 좀 했으면 좋겠는데."라고 했지만, 이제는 "넉살이 좋아서 누구하고도 빨리 친해진다."라고 이야기한다. (그러면서 너무 심하게는 하지 말아 달란다.) 갤럽 프레스의 책 『위대한 나의 발견 강점혁명』에서는 '반복적으로 나타나는 행동, 생각'이라고 '재능'을 정의한다. 그렇다면 상대의 반복적 행동들은 재능이고, 이는 강점으로 발전시킬 수 있다.

결혼하기 전에는 나만 바라봐 줘서 좋았는데, 이제는 퇴근하자마자 집에 들어오는 걸 보면서 '친구도 없나, 사회생활은 안 하나?' 생각하고 있는 건 아닌가. 연애할 때는 '말도 항상 유머러스하게 하고, 사람들하고 빨리 친해지는 모습이 좋아.'라고 했는데, 이제는 '남자가 말이 너무 많아!'라고 생각하고 있지는 않은지, 내가 변한 건 아닌지 생각해 볼 필요가 있다.

셋째, 내가 80을 받고 있다고 믿는다.

독서 모임에서 "아내는 용자예요. 진짜 멋진 사람입니다."라고 말했다. 실제 나는 그렇게 생각한다. 5년 전 회사 야유회에 갔다가 발을 헛디뎌 척추 압박골절 시술을 받았다. 그 후 아내는 나를 졸졸 따라다니며 허리 쓰는 일을 못 하게 한다. 글쓰기를 한다고 하니, 방 하나를 내준다. 방에 들어가면 방해될까 아들들도 못 들어오게 한다. 언젠가부터 집안일도 못 하게 한다. 그래서 나는 여력이 될 때마다 아내 외출 시간 확보해 주기, 새벽에 나갈 때 자는 얼굴 한 번 더 쓰다듬어 주기, 이야기하자고 할 때는 열 일 제쳐두고 들으려 한다. 그렇게 나는 더 많이 받고 있다.

대부분의 부부는 서로를 배려하면서도 '내 행동의 선한 의도'만 알고, 상대방의 선의는 보지 못한다.

"민욱 님, 관식이시네요?"

내 말을 들은 동료가 툭 웃으며 이런 말을 건넨다. 그 말을 들으며 넷플릭스 오리지널 드라마 〈폭싹 속았수다〉의 관식이, 금명이처럼 사이좋게 나이가 들어 가면 좋겠다고 생각해 본다.

지금도 아내는 요리할 때면 늘어놓는다. 식탁 위를 보면 어떤 재료를 얼마나 썼는지, 무슨 조리 도구를 썼는지 알 수 있다. 여전히 한숨은 나온다. 하지만 이젠 '뭐 어때~' 하면서 상할 것 같은 재료부터 냉장고에 넣는다. 아내는 좀 쉬었다가 나와서 정리하는 걸 아니까. 서로를 인정하며 웃고 투닥거리며 맞춰 가는 것이 부부 생활이라 생각한다.

부부는 서로 다른 두 세계의 만남이다. 서로의 다름을 인정하고, 바꾸려 하지 않는 게 좋다. 그리고 충분히 받고 있다고 믿는다. 연애할 때 좋아했던 모습들이 결혼 후 불편하게 느껴지는 것은 내 시각이 변했기 때문일 수도 있다. 처음부터 같은 색이기보다는, 서로 다른 색깔이 어우러져 가는 아름다움이 부부 생활의 진짜 모습이 아닐까?

인사이동 TIP

나와 갈등이 많은 그 사람과 이야기하기 전, 상대의 강점을 세 가지, 아니, 한 가지만 적어 보고 가세요.

마치는 글

김경서

『인사(人思)이동』을 쓰며 가장 크게 배운 건 관계를 해석하는 힘이었다. 글을 쓰는 과정은 나를 타인 앞에 세워 두는 일이었다. 상대의 감정을 바라보며 내가 어떻게 해석하느냐에 따라 생각의 결이 달라진다는 사실을 알게 됐다. 이해가 깊어질수록 관계는 훨씬 부드러워졌다. 억지로 애쓰지 않아도 오해가 줄었고, 불편한 대화조차 가볍게 흘렀다. 생각의 전환이 준 힘이다. 이 책은 그 여정을 함께한 기록이다. 내가 쓴 문장은 결국 나를 비춘 거울이었고, 그 거울 속에서 나는 타인을 다시 보았다. 이제 그 거울을 독자 앞에 건네려 한다.

김수인

어느덧 두 번째 책이 나왔다. 이번 『인사(人思)이동』은 쓰는 과정에서 유난히 감정적으로 힘이 들었다. 밖으로 들춰 내기 불편했던 관계 이야기를 쓰면서 오랜 세월 애써 외면하고 있던 내 마음을 날것으로 마주했기 때문이다. 상대방이 나에게 서운함을 줬다며 미워하고, 원망하고 있었지만, 내 진심은 사랑받고 싶고, 인정받고 싶은 것이었음을. 이 글을 읽는 분들 또한 풀리지 않는 인간관계가 있다면 먼저 나의 진심을 들여다보고, 이 책이 관계 개선에 작은 길잡이가 될 수 있길 바란다.

> 김인경

마음속 이야기를 하지 않는 내가 쓸까, 말까 망설인 주제였다. 학창 시절부터 회사원까지 겪어 온 이야기들을 꺼냈다. 인간관계로 괴로울 때 서점에서 책 한 권을 집었다. 책에서 비슷한 상황을 어떻게 해결했는지 찾으려 했다. 그날의 나 같은 독자가 또 있을까 싶어 용기를 냈다. 수년간 얽힌 관계를 글로 쓰려니, 흩어지고 희미해진 감정을 정리해야 했다. 어려웠다. 기획해 준 이윤정 작가, 공저 작가 열두 명이 함께하니 할 수 있었다. 책의 등장인물, 곁에서 새로운 모험의 주인공이 되어 준 모든 이들에게 감사를 전한다.

> 김한조

사람 사이의 관계를 중요하게 여긴다고 말해 왔다. 글을 쓰며 돌아보니 정작 가까운 이들에게는 그러지 못한 시간이 많았다. 무심히 지나친 순간, 소중함을 알지 못했던 시간이 떠올랐다. 기억 속에서 멀어졌던 장면들을 꺼내니 웃음이 날 때도 있었지만, 아쉬움과 후회가 더 크게 다가왔다. 그때 하지 못한 말과 놓쳐 버린 마음을 되돌릴 수는 없다. 하지만 그 기억 덕분에 지금 곁에 있는 관계를 소중히 간직해야겠다고 다짐하게 된다. 훗날 오늘을 돌아봤을 때 또 다른 후회로 남지 않도록, 현재의 관계를 따뜻하게 이어 가고 싶다.

> 신재원

관계를 주제로 첫 책을 쓰며, 주변 사람들과의 거리와 온도를 새삼 돌아보게 되었습니다. 관계 속에서 피어나는 기쁨과 불편함, 그 모든 감정에는 다 이유가 있더라고요. 그리고 나를 이해하는 순간에서 비로소 관계의 변화가 시작된다는 것도 알게 되었습니다. 그러니 누군가로 인해 힘든 감정이 밀려온다면 그 마음을 애써 외면하지 않고 찬찬히 바라보셨으면 합니다. 이 책이 여러분의 관계를 조금 다른 시선으로 바라보게 하는 작은 시작점이 된다면 그것만으로도 제겐 큰 기쁨일 거예요. '그때는 몰랐지만, 지금은 다르게 보이는' 사람들 덕분에 더 풍성한 관계를 만들어 가시길 응원합니다.

> 유혜인

혼자서도 잘 살 수 있을 줄 알았다. 하지만 그동안 의식하지 않았을 뿐 '관계'는 어느 곳에서나 존재했다. 관계를 의식하기 시작하니 관계를 더 잘 맺고 싶어졌다. 몰랐던 감사함이 생기기도, 인맥의 가지치기가 되기도 했다. 관계로 내 삶의 밀도가 높아졌다. 관계로 이어진 소중한 사람들을 지키기 위해 나만의 방법을 모색한다. 그 첫걸음이, 이 책이다. 책을 쓰면서 내 관계의 틀이나 방법들을 점검할 수 있었다. 이 여정이 누군가에게는 도움이 되었으면 한다.

마치는 글

> 이복선

인간관계에서 받은 상처 때문에 오랫동안 그 속에서 벗어나지 못하며 살았습니다. 그 이유는 상대방을 제대로 바라보지 못했기 때문입니다. 잘못된 점, 서운한 점이 모두 상대방에게서 비롯되었다고 생각했으니까요. 그러나 『인사(人思)이동』의 초고를 쓰고 퇴고를 마치면서 깨달았습니다. 사실 나는 누구보다 감사해야 하고, 행복한 사람이었습니다. 이제는 기준을 '상대'가 아닌 '나'에게 두려 합니다. 관점을 나에게 맞추고 생각을 바꾸면 관계는 훨씬 부드럽게 풀릴 수 있습니다. 인간관계에서의 어려움은 누구나 겪는 자연스러운 문제입니다. 단지 그 강도와 시기가 다를 뿐입니다. 이 책은 그런 관계의 어려움 속에서 길을 찾고 있는 독자들을 위해 쓰였습니다. 상황별 이야기를 읽으면 얽혀 있던 마음이 풀리고, 인생의 길도 조금은 가벼워질 것입니다. 열두 명의 작가가 일상의 소소한 고민을 함께 나누고, 따뜻한 조언을 건네는 글을 담았습니다. 이 책이 여러분께 작은 위로와 도움이 되길 바랍니다.

> 이윤경

나는 여전히 관계가 어렵다. 나이가 들수록 관계로 인해 찾아오는 피곤함에 지칠 때도 많다. 그럼에도 불구하고 되돌아보면, 내 삶에서 가장 따뜻했던 순간들엔 언제나 사람이 있었다. 사람은 서로 사랑하고, 사랑받을 때 가장 행복하다고 한다. 그 대상이 가족일 수도, 친구일 수도, 혹은 나 자신일 수도 있다. 나는 여전히 서툴지만, 소중한 관계들을 더 아끼고 사랑하며 지켜 내 보려 한다. 서툴러도 괜찮다. 관계는 그렇게 이어지는 법이니까.

> 정청한

처음엔 관계 속에서 아팠던 기억들이 글을 쓰며 다시 떠올라 쉽지 않았다. 그러나 멀리서만 보던 그 시간들을 차분히 적어 내리다 보니, 미움과 서운함 뒤에 숨어 있던 사랑과 감사가 조금씩 보였다. 부모님을 이해하게 된 것도, 군대에서 만난 사람에게 배운 배려도, 교사로서 스승에게서 배운 진정성도 결국은 나를 단단하게 만든 밑거름이었다. 무엇보다 아내와 딸이 보여 준 사랑은 내 삶의 방향을 바꾸어 놓았다. 이 책이 누군가에게도 관계를 새롭게 바라보는 작은 계기가 되길 바란다.

> 최고은

하루하루 버티며 살고 있었다. 지금이 아니면 책 쓰는 걸 할 수 없다고 생각했다. 주변을 둘러보니 친하게 지내는 사람이 몇몇 없는 것 같다. 잘못 살아온 건가 생각했다. 아니다. 나와 결이 비슷한 사람들이 남아 있다. 내가 어떻게 대하느냐에 따라 상대방의 말, 태도가 달라졌다. 나에게 실망하고 상처받았더라도 곁에 있어 준 사람들에게 다시 한번 감사한 마음을 느꼈다. 인간관계는 항상 어렵고 복잡하다. 이 글을 읽으며 떠오르는 그 사람에게 나는 무엇을 해 줄 수 있을지 생각해 보면 좋겠다.

> 최샐리

책을 쓰게 될 줄은 정말 몰랐다. 글을 쓰고 싶다는 마음과 누군가 읽을 수 있는 글을 쓴다는 일은 전혀 다른 차원의 일이기 때문이다. 직장이라는 울타리 안에서만 살아오던 내가 지난 3년 동안 세상 밖으로 걸어 나오며 수많은 사람을 만나고, 새로운 경험을 했다. 그 과정에서 깨달은 것은, 결국 사람의 이야기가 곧 글이 된다는 사실이었다. 과거에도, 지금도, 앞으로도 사람과의 관계는 누구에게나 풀어야 할 평생의 숙제일 것이다. 이 글들이 당신의 마음에 작은 울림이 되어, 관계라는 여정을 함께 걸어갈 용기를 건네주기를 바란다.

> 최민욱

심리학을 전공하거나 상담사 자격증이 있어야 관계에 관해 이야기할 자격이 있는 줄 알았다. 하지만 나의 대화를 돌아보고, 경험을 글로 남겨 보니 한 뼘씩 성장하고 있음이 느껴졌다. 관계 때문에 힘들어했던 한 사람이 고정 관념과 감정의 틀에서 벗어나 새로운 시각으로 사람을 바라보게 된 진솔한 경험담을 적었다. '성공'의 반대는 '실패'가 아니라 '시도하지 않음'이라는 믿음으로, 오늘도 새로운 관계의 가능성을 향해 한 걸음씩 나아간다.